HEYNE FILMBIBLIOTHEK

# 100 JAHRE HOLLYWOOD

## Von der Wüstenfarm zur Traumfabrik

von TONY S. CAMONTE

Deutsche Erstveröffentlichung

WILHELM HEYNE VERLAG
MÜNCHEN

HEYNE FILMBIBLIOTHEK
Nr. 32/118

Herausgeber: Bernhard Matt

*Für D. O. A.*

Deutsche Übersetzung: Mathias Kneißl

Titel der amerikanischen Originalausgabe:
HOLLYWOOD YESTERDAY & TODAY

Redaktion: Renate Schuckmann


Umschlagfoto: Bildarchiv Engelmeier, München
Rückseitenfoto: Keystone Pressedienst GmbH, Hamburg
Innenfotos: Keystone Pressedienst GmbH, Hamburg; Bildarchiv Engelmeier, München; Stiftung Deutsche Kinemathek, Berlin; Ullstein Bilderdienst, Berlin; Deutsche Presse-Agentur, München; Archiv Dr. Karkosch, Gilching; Süddeutscher Verlag, Bilderdienst, München
Printed in Germany 1987
Satz: Fotosatz Völkl, Germering
Druck und Verarbeitung: Ebner Ulm

ISBN 3-453-02471-0

# Inhalt

*Marilyn*

# Vorspann

Hollywood hat nie existiert. Es wird keinen geben, der mir nachweisen kann, daß »Hollywood« mit dem übereinstimmt, was mir ein Stadtplan als Teil von Greater Los Angeles zeigt. Hollywood ist ein Wahn, dem in den letzten 80 Jahren Millionen und Milliarden Menschen auf der ganzen Welt verfallen sind. Nie gab es ein böses Erwachen aus diesem Traum, denn er geht unversehens und schmerzlos in den Wachzustand über.
Dieses Buch kann und will das Rätsel der Traumfabrik nicht lösen. Wahrscheinlich gibt es dieses Rätsel gar nicht. Hollywood ist einfach da, weil es gebraucht wird, weil es bestimmte Bedürfnisse erfüllt und dabei von keinem etwas verlangt. Außer vielleicht ein kindliches Gemüt.

Welcome to the Pleasure Dome!

*Tony S. Camonte*

# Es war einmal

*Oh, those Hollywood nights!*

*Bob Seeger*

Deida Martell Wilcox war eine Frau mit strengen Grundsätzen. Der Kenner konnte sie ihr schon an der langen spitzen Nase ansehen: kein Alkohol, keine Lustbarkeiten und vor allem keine fleischlichen Vergnügungen. Mrs. Wilcox war nämlich so gottesfürchtig, daß sie sich das irdische Dasein nur

*Carroll Baker als ›Unersättliche‹*

als ein Jammertal aus harter Arbeit und puritanischer Strenge vorstellen konnte. In Kansas, von wo Deida und ihr Gatte Harvey Wilcox eingewandert waren, lebte jedermann nach diesen alttestamentarischen Maximen, während es an der Ostküste und in Chicago, wohin der Makler Wilcox des öfteren Dienstreisen unternahm, schon erheblich sündiger zuging.

Das strengdenkende Paar entschloß sich also, dem verderbten Osten den Rücken zu kehren und sich im fernen Westen unter der kalifornischen Sonne anzusiedeln. Los Angeles, immerhin eine Missionsgründung, war den beiden zu verrucht; sie zogen es deshalb vor, ihren neuen Wohnsitz etwa 15 Kilometer außerhalb der Stadt zu nehmen. Angeblich waren es die Holly-Büsche, die Mrs. Wilcox sogleich auszusäen begann, die dem idyllischen Flecken seinen Namen gaben: Hollywood.

Jedenfalls war es am 1. Februar 1887 (dieses Datum will der Fremdenverkehrsverein von Greater Los Angeles herausgefunden haben), daß Harvey Wilcox beim Katasteramt sein billig zusammengekauftes Land im Cahuenga-Tal unter dem

Namen »Hollywood« eintragen ließ. Zu diesem Zeitpunkt gab es weder das Kino noch eine Filmindustrie. Erst 1891 erfand Thomas Edison den Kinetographen, den er drei Jahre später auf der Weltausstellung in Paris präsentierte. Dort sahen ihn die Brüder Lumière, die aus dem dinosaurischen Apparat Edisons den tatsächlich praktikablen Cinématographe entwickelten. Auf die Weise entstehen die ersten Filme in Europa, während Edison und seine Mitarbeiter eher lustlos mit ihrem Gerät experimentieren. Der begnadete Erfinder versprach sich nicht allzuviel von diesem neuen Spielzeug und war tatsächlich der Meinung, die Investition von 150 Dollar für die Patentrechte in Europa lohnten sich nicht. Damit legte er unbeabsichtigt und ebenso ahnungslos wie Mr. und Mrs. Wilcox einen Grundstein für die Filmkapitale Hollywood. Edison drehte in seinem winzigen, »Black Maria« genannten Studio die ersten Minutenfilme, zum Beispiel jenen über einen niesenden Mann. Das hatte man bisher noch nicht gesehen. Noch überraschter, um nicht zu sagen noch entsetzter waren die Zuschauer, die sich am 14. April 1894 im Cinetoscope Parlor zusammengefunden hatten und denen Edison den Film *Black Diamond Express* vorführte: Urplötzlich fuhr ein Feuer und Rauch spuckender Zug auf

*May Irwin und John C. Rice in dem Skandalfilm ›Der Kuß‹ (1896)*

die Zuschauer los, die um so erschreckter reagierten, als hinter der Leinwand ein Helfer die entsprechenden Geräusche lieferte. Die Lokomotive schien wirklich auf die unschuldigen Zuschauer loszugehen, so daß sich kreischende Frauen lieber gleich in einen Ohnmachtsanfall retteten. Die Illusion, die Traumfabrik, die schönere Welt aus dem Geist des Zelluloids war geboren.
Neben Edison machten nun auch ehemalige Mitarbeiter sowie weitere Filmenthusiasten Produktionsfirmen auf, zumal sich herausstellte, daß mit den Einnahmen selbst aus Minutenfilmen gutes amerikanisches Geld zu verdienen war. Die vergnügungssüchtigen Großstadtmenschen bildeten lange Schlangen vor den sogenannten Nickelodeons, die so heißen,

*Die Traumfabrik in den kalifornischen Hügeln*

weil man nach dem Einwurf einer Fünf-Cent-Münze (= ein Nickel) durch ein Guckloch einen dieser sensationellen Minutenfilme mit beispielsweise den Abenteuern eines Feuerwehrmannes besichtigen durfte. Das Kino begann also mit dem Blick durchs Schlüsselloch.

Noch einmal gelang es Edison, seine Erfindung unter Kontrolle zu bringen, indem er nämlich seine lästigen Konkurrenten, die weitere Patente in Kinematographen erworben hatten, in der »Patents Moving Picture Corporation« und später im »Motion Picture Patents' Trust« zusammenschloß. Nur die Beteiligten sollten fürderhin das Recht haben, Filme herzustellen und zu zeigen, nur sie sollten damit Geld verdienen dürfen. Alle anderen hatten zu zahlen. Hier rächte sich allerdings Edisons Nachlässigkeit: Der Erfinder der Glühbirne mußte sich den wachsenden Marktanteil im Ausland gefertigter und schließlich auch das Freischärlertum der Unabhängigen gefallen lassen.

*›Daughter of the Gods‹ (1917)*

Zu diesen Unabhängigen gehört etwa der im württembergischen Laupheim geborene Carl Laemmle. Irgendwie, soviel weiß Laemmle, muß er zu Geld kommen. Zu diesem Behufe hat er schon alle möglichen Tätigkeiten ausgeübt; als er in einer Kleiderfabrik in Wisconsin nichts mehr werden kann, heiratet er die Tochter des Chefs. Aber das genügt ihm noch nicht. Auf der Suche nach einer gewinnträchtigen Branche bemerkt Laemmle in Chicago die Schaulust der Nickelodeon-Kunden. Um sein Erstaunen in harte Zahlen umzumünzen, stellt er sich mit den Taschen voller Erbsen neben den Verschlag und wechselt für jeden Besucher eine Erbse in eine andere Tasche. Am Abend wird abgerechnet: »Mit so einem Laden könnte ich in wenigen Wochen so viel verdienen, wie ich mir in vielen Jahren mühsam erspart habe.«
Und das tut er dann auch. Begreiflicherweise ist Edison und seinen Leuten der Erfolg der Unabhängigen (zu ihnen gehören neben Laemmle noch William Fox, Marcus Loew, die Brüder Harry und Jack Warner oder Louis B. Mayer) ein Dorn im Auge. Mit dem Patentrecht auf seiner Seite läßt er

die Ateliers der Konkurrenten von Raufbolden überfallen und die Außenseiter handfest bedrohen. Die bezahlten Eindringlinge zerstören Kameras und zerfetzen Filmrollen, aber sie können nicht verhindern, daß in New York weitergearbeitet wird. Trotzdem wird den meist noch jungen Produzenten der Druck irgendwann zu groß. Da sie den Film unter keinen Umständen aufgeben wollen, denken sie über ihre Chancen nach: Auswandern wäre vielleicht die beste Idee, zudem eine, die den Glücksrittern nicht unbekannt ist. Denn sie alle

*Marty Feldman als ›Silent Movie‹-Star*

kommen aus Europa, aus ärmlichen Verhältnissen, die sie mit der Hoffnung auf den amerikanischen Erfolg hinter sich gelassen haben. Warum also nicht weiterziehen, und zwar dorthin, wo die schon länger ansässigen Amerikaner seit jeher das Glück vermutet haben: nach Westen?
Getreu der Parole *Go West!* drängte es schon 1842, als in Kalifornien Gold gefunden wurde, die Abenteurer aus den vergleichsweise noch europäischen Städten im Osten in die Minen am Pazifik. Nach dem Gold- und später dem Ölrausch brach nunmehr ein dritter Rausch aus: der Hollywood-

*›Jerry der Glückspilz‹ (Jerry Lewis, Pat Crowley, Dean Martin)*

*Regie: D. W. Griffith*

Rausch. *Hollywood or Bust* hieß ein Film mit Jerry Lewis und Dean Martin, in dem sie diese Sehnsucht nach dem Platz an der Ruhm-Sonne weidlich parodierten. Und hier kamen auch die 120 Morgen der Wilcoxens endlich zu ihrem Recht: Der Makler, der auf seinen Grundstücken Zitrusfrüchte gezogen hatte, konnte das Gelände nunmehr Stück für Stück an die aus dem Osten einwandernden Filmpioniere verkaufen und ein ordentliches Schnäppchen machen.
Nur mit dem frommen Leben war es vorbei. Die Neuankömmlinge neigten dazu, sich nach den Dreharbeiten ordentlich zu verlustieren, was ohne Alkohol so gut wie unmög-

lich ist. Als 1908 die ersten Filmleute in Hollywood eintrafen, fremdelte die 5000 Seelen starke Gemeinde (in ihrer Mitte eine von Deida Wilcox gegründete abstinenzlerische Sekte) noch heftig. Der Westernregisseur Allan Dwan erinnert sich amüsiert dieser Gründerzeit: »Wir standen tief unter den Einheimischen. Sobald wir mit unseren Kameras auf der Straße auftauchten, versteckten sie ihre Töchter unter dem Bett, verriegelten die Türen und stoben davon.« Das Schild an einer Hotelrezeption war eindeutig: »Keine Hunde, keine Schauspieler.«

Die im Osten von Edisons Agenten bedrängten Jungfilmer fanden dennoch paradiesische Zustände vor: 355 Sonnentage im Jahr, ständig gutes Licht, schneebedeckte Berge ebenso wie staubtrockene Wüsten in Reichweite, der Pazifik vor der Haustür und die mexikanische Grenze nicht weit – für den Fall, daß der Arm des Gesetzes wieder einmal aus New York herüberlangte.

Die Geburtsstunde des Stars schlug am 12. März 1912. An diesem Tag hatte der schlaue Carl Laemmle den simplen Einfall, die Schauspielerin Florence Lawrence, die bisher als das »Biograph-Girl« (nach der Firma, bei der sie unter Vertrag stand) anonym agierte, zu seiner eigenen Firma, der Independent Motion Picture Company (IMP), herüberzuziehen und sie fortan unter ihrem eigenen Namen auftreten zu lassen. Um diesem Coup, der natürlich mit einer höheren Gage für das kleine Talent verbunden war, den nötigen Aplomp zu geben, ließ Laemmle seinen Schatz verschwinden. Wochenlang war sie wie vom Erdboden verschluckt. Dann hieß es, sie sei in St. Louis gesehen worden, wo sie gleich anschließend bei einem Straßenbahnunfall aus dem Leben geschieden sei. Große Aufregung. Noch größere Aufregung, als Laemmle im Fachblatt *The Moving Picture World* in einer Anzeige eine unverschämte Lüge aufzudecken versprach: »Die schwärzeste und gleichzeitig dümmste aller Lügen wurde von den Feinden der IMP in Umlauf gesetzt. Eine elende und feiste Lüge, eine dumme dazu, weil sie so leicht zu widerlegen ist. Miß Lawrence war in keiner Weise in ein Straßenbahnunglück verwickelt, befindet sich bei bester Gesundheit und will fortan nur noch in IMP-Filmen erscheinen, und in Kürze wird einer ihrer besten Filme herauskommen.« So kreiert man einen Star.

Bei einem seiner ersten Ausflüge in den Wilden Westen begegnete Laemmle einem jungen Mann im Cowboy-Dreß, der sich, wie er selbst, Aufnahmen mit Cowboys ansah. Laemm-

*Wie man ein Star wird*

le hielt den gelangweilten Zuschauer für einen Schauspieler, aber dieser Mensch, sein Name war Tom Mix, war echt, ein wirklicher Cowboy. Laemmle engagierte ihn vom Fleck weg und schickte ihn mit Team und ein paar typischen Westernsi-

*Cecil B. DeMille*

*Mary Pickford*

tuationen als Drehbuch in die Wüste. Das Team kam mit einem Haufen unzusammenhängenden Zeugs wieder zurück, aber mit Hilfe von geschickten Zwischentiteln ließen sich die einzelnen Szenen verbinden und zu zwölf Filmen zusammenkleben. Damit war der Star Tom Mix gemacht.
Kenneth Anger, der Skandalchronist von »Hollywood Babylon«, hat ab jetzt Grund, sich die Hände zu reiben: »Gesichter, die schon berühmt waren, bekamen Namen und ständig steigende Gagen: Das Starsystem – gewiß ein zweifelhafter Segen – war geboren. Im Guten wie im Bösen, von nun an mußte Hollywood mit einem Ungeheuer leben: dem STAR. Über Nacht wurden die unbekannten und nicht allzu gut be-

*Das erste Genie: D. W. Griffith*

leumdeten Filmdarsteller von einer Woge von Bewunderung, Ruhm und Reichtum emporgetragen. Sie waren die neue Aristokratie, die goldene Generation. Einige von ihnen wurden damit fertig, andere schafften es nicht.«
Der größte Star von allen war »The Girl With the Curls«, später auch »America's Sweetheart«: Mary Pickford (1893–1979). Sie war immer die verfolgte Unschuld, das Mädchen vom Lande, der Preis für den Sieger. Sie mochte in noch so große Gefahr geraten, am Ende kam sie doch frei und wurde von allen dafür geliebt. Das Kindchenschema, mit dem sie im Herzen des Publikums landete, mußte sie auch im reiferen Alter beibehalten: Man wollte sie nur als unschuldiges Mädchen sehen, sie sollte nicht älter und wissender werden. Die Kleine verstand es dabei sehr wohl, die aufgezwungene Infantilität für sich auszunutzen. Wenn ihre Gage auch mit 500 Dollar die Woche bereits sehr hoch war, so konnte sie doch noch höher sein. Und so quengelte die Kleine ihren wöchentlichen Scheck immer höher: auf 1000, 2000, 5000, bis sie schließlich mehr als eine halbe Million Dollar pro Jahr verdiente. Das Publikum ahnte nichts davon, half aber durch seinen Besuch im Nickelodeon (das inzwischen in feste Häuser umgezogen war), den Star zu finanzieren. Es finanzierte auch das erste Genie in der neuen Industrie: David Wark Griffith (1875–1948).
Griffith hatte eine typische Filmkarriere gemacht. Er kam aus Kentucky, ging nach New York, wo er Theaterkritiken und Stücke schrieb und sich als Schauspieler versuchte. Die Firma Biograph beschäftigte ihn sowohl als Schauspieler als auch als Dramaturgen. Eineinhalb Jahre lang war er Biographs einziger Regisseur und drehte in dieser Zeit für 100 Dollar die Woche 131 Filme. Als er 1913 Biograph verließ, pries er sich in einem erstklassigen Hype-Inserat im *New York Dramatic Mirror* folgendermaßen an: »D. W. Griffith, Produzent aller großen Biograph-Erfolge, hat den Film revolutioniert und die modernen Kunstformen entdeckt. Zu den Neuerungen, die er eingeführt hat und die inzwischen die meisten fortschrittlichen Produzenten übernommen haben, gehören: Nahaufnahmen und Totalen, wie zum ersten Mal in

*Ramona* verwendet, die verlängerte Spannung, das Ausblenden und der zurückhaltende Ausdruck in der Darstellung, mit der die Filmschauspielerei die Anerkennung als echte Kunst gefunden hat.«

Obwohl sich heute nicht mehr nachweisen läßt, ob Griffith tatsächlich der erste war, der diese neuen Techniken anwandte (vermutlich ist er als Erfinder eigener Leistungen ebenso groß gewesen wie als Regisseur so bedeutender Filme wie *The Birth of a Nation* und *Intolerance*), gilt er doch als der erste Meister des Stummfilms. Zusammen mit seinem Kameramann Billy Blitzer gab er in *Intolerance* Geschichtsunterricht: Sternstunden der Menschheit, nacherlebt in Walter L. Halls bis zu 100 Meter hohen Bauten von Babylon, aber auch ein Beispiel für die Ausstattungssucht eines Manikers. Das Kino bot seit Griffith die Möglichkeit, die wildesten Phantasien auszuleben. Kenneth Anger weiß auch hierzu etwas bei-

*›Königin Elisabeth‹ (1912)*

*Los Angeles in den zwanziger Jahren*

zutragen: »Ganz unter sich und hinter den Kulissen wagte es die kleine Filmkolonie, selbst über den Gott von Hollywood zu klatschen – über Griffith und seine Vorliebe für junge kleine Mädchen auf der Leinwand und dahinter. Waren eigentlich seine großen Entdeckungen, diese hingebungsvoll arbeitenden Kindfrauen, *wirklich* ganz so jungfräulich? War das möglich? Und, wenn man einmal das Undenkbare dachte, war Lillian Gish Dorothys Geliebte?«
Lillian und Dorothy Gish, die beiden Schwestern, die in Griffiths *Orphans of the Storm* (1922) zwei Waisenkinder spielten, waren die große Entdeckung ihres Regisseurs. Lillian lebt noch heute, sie hat das biblische Alter von 90 Jahren überschritten und tritt gelegentlich in einem Film auf: Selznick verpflichtete sie für *Duel in the Sun* (1946), Charles Laughton für den einzigen Film, in dem er selbst Regie führte, *The Night of the Hunter* (1955), Robert Altman für seinen bislang letzten bedeutenden Film *A Wedding* (1978). Lillian

*›Der große Eisenbahnraub‹ (1903)*

Gish sah immer gleich aus, war immer schön und wurde – mehr noch als die biedere Mary Pickford – zum Inbegriff des amerikanischen Stummfilms. Wie es sich für einen so großen Star gehörte, machte sie sich im Tonfilm rar, um ihre zahlreichen Fans mit seltenen Auftritten zu überraschen. »Ihre zarte Schönheit, die Griffith in Verkörperungen verletzter Unschuld einsetzte, barg Kraft und Zähigkeit, ohne die sie ihre außerordentlich intensive Gestaltung der Prügelszene in *Broken Blossoms* (1919) und die mörderischen Dreharbeiten in der eiskalten Landschaft von *Way Down East* (1920) kaum hätte durchstehen können. Bei den Aufnahmen zu *Intolerance* (1916) war sie sowohl an der Produktionsarbeit als auch an den Recherchen beteiligt und fungierte praktisch als Griffiths Regieassistentin, indem sie ihn auf dem Filmgelände begleitete und mit ihm die Bildmuster auswählte; außerdem spielte sie in diesem Film die Rolle der Frau, die die Wiege schaukelt.« (Liz-Anne Bawden)

Griffiths Karriere erlitt mit dem Mißerfolg seines zweifellos bedeutendsten Werkes, dem Total-Epos *Intolerance,* einen Einbruch. Er war aber auch der erste Regisseur, dem Holly-

*Cecil B. DeMille dirigiert die Massen*

wood berufsbedingten Größenwahn zubilligte und die entsprechenden Mittel zur Verfügung stellte. Erich von Stroheim, David O. Selznick, Stanley Kubrick, Francis Coppola und Michael Cimino sind seine Adoptivsöhne, Eisenstein und Pudowkin haben von ihm gelernt.
In seinem Sendungsbewußtsein (»Ich möchte euch sehen lehren«) war D. W. Griffith zu herrlich rücksichtslosen Aphorismen fähig: »Als Drama ist der Weltkrieg etwas enttäuschend.« Mit ihm trat in der neuen Industrie neben dem Produzenten erstmals der Regisseur in Erscheinung. Natürlich war er nichts weiter als ein Erfüllungsgehilfe von Geldgebern, die sich eine möglichst kostengünstige und dabei gewinnträchtige Umsetzung ihrer Vorstellung von Massenun-

*Links zwielichtige Schauspieler, rechts ängstliche Bürgertöchter*

*Fatty Arbuckle*

terhaltung erwarteten. Aber in Griffith zeigte sich erstmals das Genie eines kreativen Menschen, der die Möglichkeiten der neuen Ausdrucksform genau erkannt hatte und sie für seine Absichten zu nutzen verstand. Für eine kurze Zeitlang hatte die Kreativität die Nase vor dem Geld.

Angeblich war es Cecil B. DeMille, der den ersten Film in Hollywood drehte. Ganz kann das nicht stimmen, denn *The Squaw Man* entstand erst 1913. Was aber den Kritikern ihr Griffith war, war für das zahlende Publikum der Allesfilmer DeMille. Anders als man ihn heute in Erinnerung hat, begann DeMille nicht als Kolossalfilmer, sondern als Meister der Salonkomödie, die später Ernst Lubitsch perfektionieren sollte. DeMilles erste Liebe war der Ehebruch. In *Old Wives for New* (1918), *Don't Change Your Husband* (1919), *Why Change Your Wife?* (1920) und *The Affairs of Anatol* (1921) zeigte er den Zuschauern mehr, als sie bisher sehen durften, insbesondere an Bebe Daniels und Gloria Swanson. Erst 1923 drehte DeMille seinen ersten Klassiker, *The Ten Commandments.* Das war übrigens auch der erste Film, der von einer Bank bezuschußt werden mußte; er wurde einfach zu teuer. Mit napoleonischer Grandezza dirigierte der Regisseur 4500 Stück Vieh und 2500 Stück Schauspieler (wahrscheinlich war diese Proportion Anlaß für Alfred Hitchcocks berüchtigten Ausspruch »Actors are cattle« – Schauspieler sind Vieh).

Noch eines dritten Regisseurs aus dieser grauen Gründerzeit muß gedacht werden, sein Name war Mack Sennett. Er war der König der Improvisation. Sennett hatte unter Griffith begonnen und machte sich mit der Erfindung der Keystone Kops selbständig. Von Rechts wegen müßten ihm die Produzenten von *Police Academy* wenigstens eine Pyramide errichten, denn sie zeigen nichts anderes als das, was Sennett bereits in den 1910er Jahren vorführte: Slapstick auf Kosten der dummen Polizei. Sennett stellte sich eine Klamauktruppe zusammen, die im Feuereifer der Pflichterfüllung alles falsch macht, was falsch zu machen ist. Mit seiner Verbindung von Kasperltheater und Haut-den-Lukas brachte er seine Kops in alle möglichen Situationen, in denen sie sich dumm anstellen konnten. Unter den *Bathing Beauties,* die er anlernte, befanden sich auch Carol Lombard und Gloria Swanson. Charlie Chaplin kam aus seiner Schule, ebenso Fatty Arbuckle: Die komische Tradition im amerikanischen Kino nahm ihren Ausgang aus dem Keystone-Atelier Mack Sennetts.

*Der Palast der Träume*

# Der Garten der Lüste

*Hollywood ist schon recht,*
*nur die Filme sind schlecht.*

*Orson Welles*

»Unser Kino in Gentilly hat eine Inschrift am Vordach: ›Wo Glück so wenig kostet.‹ Ich bin tatsächlich vollkommen glücklich in einem Film, sogar in einem schlechten. Andere Leute (so habe ich gelesen) horten erinnernswerte Momente ihres Lebens: den Sonnenaufgang, als man dem Parthenon entgegenstieg, die Sommernacht, als man im Central Park ein einsames Mädchen traf und mit ihr eine zärtliche und natürliche Beziehung einging (wie es in den Büchern heißt). Auch ich habe im Central Park einmal ein Mädchen getroffen, aber da gibt's nicht viel zu erinnern. Dagegen erinnere ich mich an den Moment, als John Wayne, in *Stagecoach* auf die staubige Straße fallend, mit einem Karabiner drei Männer tötete, und an den Moment, als in *The Third Man* das Kätzchen Orson Welles im Torweg fand.« (Walker Percy, »Der Kinogeher«)

1915 hatten die Gerichte ein Machtwort gesprochen: Die Klage, die Edisons Anwälte gegen die Unabhängigen eingereicht hatten, war damit endgültig zurückgewiesen, Hollywood durfte mit juristischem Segen zur Weltfilmmetropole werden. Zwar dauerte es noch bis 1923, bis die 4000 Glühbirnen den Namen HOLLYWOOD über den Studios zum Leuchten brachten, aber schon war das kalifornische Provinznest als Illusionshauptstadt bekannt. Der Weltkrieg hatte die europäischen Studios ausgepowert, und Amerika hatte keine Mühe, mit seinen Produkten den Markt zu übernehmen. Die Hoffnung aller Ruhmsüchtigen konzentrierte sich nach Westen, wo angeblich der Champagner pausenlos aus Magnumflaschen floß, wo die wildesten Parties gefeiert wurden und die schönsten Frauen herumschwirrten. Hollywood war das Paradies.

*Jean Harlow*

Hollywood war Babylon. Der spätere Präsidentenvater Joseph Kennedy, ein guter irischstämmiger Katholik, hielt sich hier eine berühmte Geliebte: Gloria Swanson. Er finanzierte ihre Filme, um sie noch größer herauszubringen und um selber wenigstens einen Abglanz des großen Ruhms zu erhaschen. Gloria Swanson überlebte diese wilden Jahre; zwar verschwand sie mit dem Herauskommen des Tonfilms fast völlig von der Leinwand, aber sie ging an ihren bereitwillig bekanntgemachten Lastern nicht zugrunde. In Billy Wilders *Sunset Boulevard* (1950) spielte sie sich selbst, die vergessene

*Gloria Swanson in ›Boulevard der Dämmerung‹*

Stummfilmschönheit, die verzweifelt vom Comeback und dem Scheinwerferlicht vergangener Tage träumt. Was ihr im Leben erspart blieb, zeigte sie für alle, die es noch nicht gemerkt hatten, auf der Leinwand.
Hollywood ist der Tod. Am 10. September 1920 fand der Zimmerkellner eines Pariser Hotels die 20jährige Olive Thomas nackt und tot auf ihrem Zobel liegend. Angeblich hatte die Schauspielerin versucht, für ihren Ehemann Jack Pickford, einen Bruder Marys, Heroin zu besorgen. Das Entsetzen der Öffentlichkeit war riesengroß: Ein Star, der rauschgiftsüchtig war? Das konnte doch nicht angehen. Es kam aber noch schlimmer.
Roscoe »Fatty« Arbuckle verstand es wahrlich, mit seinen Pfunden zu wuchern. Er hatte seinem Arbeitgeber Mack Sennett mit seinem bulligen Humor so viel Geld eingebracht, daß Paramount ihm 1921 einen Dreijahresvertrag mit einer Garantiegage von einer Million Dollar pro Jahr gab. Zur Feier dieses lukrativen Abschlusses lud Fatty Freunde und Mädchen ins St. Francis nach San Francisco, wo man fröhlich vor sich hinzechte. Der Dicke schnappte sich irgendwann das aufstrebende Starlet Virginia Rappe und wechselte mit ihr nach nebenan. Hören wir vom Schlüssellochgucker Anger, was weiter geschah: »Bambina Maude Delmont sagte später, daß die Festlichkeiten ein abruptes Ende fanden, als schrille Schreie aus dem benachbarten Schlafzimmer drangen. Unheimliches Stöhnen quoll durch die Türe. Nach viel Gehämmer und Tritten gegen die Tür erschien ein kichernder Arbuckle im zerrissenen Pyjama, Virginias Hut schief auf dem Kopf, und rief den Mädchen zu: ›Zieht ihr ein paar Kleider an und bringt sie ins Palace Hotel. Sie macht zuviel Krach.‹ Als Virginia weiterschrie, brüllte er: ›Halt die Schnauze oder ich schmeiß dich aus dem Fenster!‹ Bambina und ein befreundetes Revuegirl namens Alice Blake fanden Virginia halbnackt auf dem zerwühlten Bett. Sie wand sich vor Schmerzen und stöhnte: ›Ich sterbe, ich sterbe … Er hat mir wehgetan.‹« Virginia Rappe starb tatsächlich. Wie bei einem ähnlichen Vorfall, der ein paar Jahre zuvor noch glimpflich abgegangen war, versuchte Arbuckle auch hier, einen Skan-

*Fatty der Kinderfreund*

dal zu vermeiden und die schauerliche Geschichte zu vertuschen. Irgendwie bekam die Staatsanwaltschaft aber doch Wind von der Sache und stellte Nachforschungen an. Gerüchte geisterten durch die Stadt: Arbuckle habe versucht, Virginia mittels einer Sektflasche zu vergewaltigen, er hätte versucht, sie mit einem Anlauf anzuspringen und sie mit sei-

*Hochzeit im Freundeskreis: Natalie Talmadge (2. v. l.), Buster Keaton*

ner Leibesfülle erdrückt. Tatsächlich war Virginia an einem Blasenriß gestorben.

Jetzt war die Stunde der Moralapostel gekommen. Arbuckle war schließlich der freundlich-dumme Komiker, der große Kinderfreund, der es mit allen gut meinte und über den man sonst immer herzlich lachen konnte. Damit war es nun mit einem Schlag vorbei. Die Kirchen sprachen vom »sexbesessenen Wahnsinn aus Hollywood«, in Connecticut zerfetzten aufgebrachte Frauen eine unschuldige Leinwand, auf der ein Arbuckle-Film gezeigt wurde, und in Wyoming durchsiebten Cowboys angeblich die Leinwand mit Kugeln, weil auch hier ein Film mit dem Mädchenschänder Arbuckle lief.

Paramount reagierte prompt: Arbuckles Filme wurden aus dem Verleih genommen, während ihr Held im Gefängnis saß und die Welt nicht mehr verstand. Er setzte sein gesamtes Vermögen ein, um mit Hilfe von Anwälten von der Anklage wegen Mordes und Vergewaltigung freizukommen, und hatte schließlich Erfolg: Nach drei Verhandlungen wurde Arbuckle freigesprochen. Die Geschworenen waren trotz der landesweiten Empörung über den Fall Rappe auf Fattys Sei-

*Unschuldig wie ein Kind*

te: »Mit dem Freispruch ist Roscoe Arbuckle keineswegs hinreichende Gerechtigkeit geschehen. Wir glauben, daß ihm schweres Unrecht widerfahren ist und daß es nicht die geringsten Beweise gegeben hat, die ihn mit irgendeinem Verbrechen in Zusammenhang bringen können.«
Arbuckle durfte sich freuen: »Dies ist der feierlichste Moment meines Lebens. Meine Unschuld in der fürchterlichen Anklage, die hier gegen mich erhoben wurde, ist erwiesen. Ich bin meinen Mitbürgern und Mitbürgerinnen aufrichtig dankbar. Mein Leben war der Herstellung sauberer Filme und dem Glück der Kinder gewidmet. Ich werde versuchen, das Feld meiner Nützlichkeit zu erweitern, so daß meine Kunst noch größere Dienste leistet.«
Es war der reine Hohn. Aber Arbuckle war tatsächlich nichts nachzuweisen, weil sämtliche Zeugen (auf seine Kosten) betrunken waren und sich der Ereignisse nur sehr widersprüchlich erinnerten. Dennoch war Fatty erledigt. Paramount kündigte den neuen Vertrag, bereits fertiggestellte Filme wanderten ins Archiv, niemand gab ihm mehr Arbeit, Freunde vergaßen ihn. Unter dem Namen William Goodrich durfte er gelegentlich Gags liefern und Regie führen, aber mit eigenen Auftritten war es vorbei. In einem Interview für *Photoplay* flehte er sein abtrünniges Publikum an: »Laßt mich doch arbeiten! Ich will zurück auf die Leinwand. Ich glaube, daß ich meine Zuschauer unterhalten und beglücken kann. Das ist alles, was ich will. Wenn ich zurückkommen könnte, wäre das großartig. Wenn nicht – na ja, o. k.«
Er kam nicht wieder, natürlich nicht. Statt dessen ging er eine innige Verbindung mit der Flasche ein und soff sich zu Tode. Vorher wurde er noch einmal wegen Trunkenheit am Steuer festgenommen. Er schmiß die Flasche aus dem Fenster und grinste den Polizisten an: »Jetzt ist das Beweisstück hin!«
Arbuckle war der ideale Sündenbock. Er war bekannt und überaus beliebt, er hatte astronomische Gagen, er lebte aufwendig und – in Zeiten, da seine Landsleute unter der Prohibition litten – offenkundig in Saus und Braus, er hatte immer hübsche Mädchen um sich, obwohl er reichlich häßlich aussah und fast drei Zentner wog – und er war erwischt worden.

*Mae West*

Da tat es nichts zur Sache, ob Virginia Rappe, die vielleicht doch Hysterikerin war und die neben einem abwechslungsreichen Liebesleben schon einmal in einer Wäscherei mit ei-

ner ähnlichen Szene aufgefallen war, tatsächlich an den Folgen einer Vergewaltigung gestorben war: Seine Kollegen waren froh, daß sich die Blitze ein anderes Ziel ausgesucht hatten, und die Moralapostel und Betschwestern hatten nun Grund, sich über die Verderbtheit und die freizügigen Sitten in Sodom und Gomorrha zu erregen.
In Washington wußte der Senat schnell, was Sache war: »Hollywood ist ein Ort, wo die Menschen Orgien von Trunkenheit, Lastern, ausschweifendem Leben, freier Liebe feiern. Viele dieser sogenannten Stars sind früher Kellner, Barmixer, Varietétänzer und -tänzerinnen gewesen, die einmal 10 oder 20 Dollar die Woche verdient haben, und jetzt erhal-

*Das Kino ist die Massenattraktion des 20. Jahrhunderts geworden*

*Eine Hollywood-Familie: Al Jolson, Mary Pickford, Ronald Colman, Gloria Swanson, Douglas Fairbanks, Joseph Schenck, Charles Chaplin, Samuel Goldwyn und Eddi Cantor*

ten sie plötzlich Gagen von 5000 Dollar pro Monat und mehr. Sie wissen gar nicht, was sie mit diesem Reichtum anfangen sollen und werfen für sinnlose Vergnügungen das Geld hinaus, das arme Leute durch ihre Eintrittsgelder aufbringen. Und von dieser Sorte Menschen entlehnen die heutigen Jugendlichen ihre Weltanschauung und passen sich solchen Beispielen an. Sie formen ihren Charakter. Zensur ist da wohl dringend geboten.«

Gemach, gemach. Bevor die einschreiten konnte, passierte schon der nächste Skandal, und diesmal war es zweifellos Mord. Eines Morgens entdeckte der schwarze Diener des Regisseurs William Desmond Taylor seinen Herrn tot in dessen Arbeitszimmer. Wenn wir Kenneth Anger Glauben schenken, überstürzten sich die Ereignisse der folgenden Stunden recht bunt. Es begann damit, daß der Diener auf die Straße rannte und mit seinem Gebrüll die Nachbarn aufweckte. Die Nachbarin Edna Purviance rief sofort Mabel Normand an. »Mabel rief Charles Eyton, den Generaldirektor der Famous Players-Lasky an, der seinerseits den Paramount-Allgewaltigen Adolph Zukor anrief. Edna versuchte den Paramount-Star Mary Miles Minter anzurufen, aber Mary war nicht zu erreichen. Eine Nachricht wurde bei deren Mutter hinterlassen. Niemand kam auf die Idee, die Polizei zu benachrichtigen. Sie hatten alle zunächst Dringenderes zu erledigen. Mabel eilte in Taylors Bungalow, um ein Bündel Briefe zurückzuholen. Charles Eyton eilte hin, um den illegalen Alkohol zu entfernen. (Tot oder lebendig, ein Paramount-Regisseur durfte nicht bei der Übertretung der Prohibitionsgesetze erwischt werden.) Adolph Zukor eilte hin, um alle Spuren irgendwelcher Sexaffären zu beseitigen. Charlotte Shelby eilte, um ihrer Tochter Mary Miles Minter die Nachricht zu überbringen.«

Als dann endlich die Polizei kam, fand sie noch Briefe von Mabel Normand, ein Billetdoux, das mit »Mary« unterzeichnet war, eine Kollektion von Damenunterhöschen, eine Reihe von Pornophotos, die Taylor, immerhin Präsident der Regisseursgilde, mit mehreren namhaften weiblichen Stars zeigten, und ein seidiges Nachthemd mit den Initialen MMM. Wer aber war der Mörder?

Soviel kam damals, 1922, immerhin ans Licht: daß Taylor keineswegs er selbst war, sondern durch eine Reihe von Identitäten, vom Soldaten bis zum Goldsucher, geschlüpft war, ehe er bei der Paramount landete. Und offensichtlich war er homosexuell und war deshalb von einem früheren Sekretär erpreßt worden. Es war auch von Morphium und Kokain die Rede, insbesondere Mabel Normand, Mack Sennetts Ulknudel, hatte viel mit Stoff zu tun. Erst vor kurzem kam die Wahrheit ans Licht: Der Filmhistoriker Sidney D. Kirkpatrick erzählt in seinem Buch »A Cast of Killers«, daß der Regisseur King Vidor, ein ehemaliger Kollege Taylors, den Fall

Jahrzehnte später gelöst hat. Die Mörderin war Mary Miles Minters Mutter Charlotte Shelby. Mary hätte ihren Regisseur am Abend zuvor besucht, sich ihm liebesgierig an den Hals geworfen, wäre dabei von ihrer tyrannischen Mutter überrascht worden, die den Nebenbuhler dann erledigt hätte.
Schließlich war es Charlotte Shelby gewesen, die als Managerin ihrer Tochter aus dieser einen Star gemacht hatte. Sie hatte ihr eine falsche Identität besorgt und sie bereits elfjährig ins Busineß eingeführt. Im Alter von 20 Jahren, als Taylor starb, verfügte Mary bereits über einen Millionenvertrag und war nur noch ein nervliches Wrack. Paramount benutzte die umlaufenden Gerüchte, um sowohl Mabel Normand als auch Mary Miles Minter loszuwerden. Mabel starb 1930, Mary erst

*Hollywood arrangiert sich mit dem Papst: Neben Pius XII. steht unter dem Kreuz Cecil B. DeMille*

1984. Was keiner ahnte, hatte vor aller Augen stattgefunden: der Krieg zwischen Mutter und Tochter um den Regisseur Taylor. 20 Jahre lang bekriegten sich die beiden unter ihren bürgerlichen Namen Juliet Reilly und Lily Pearl Miles um das zerrinnende Vermögen, drei Polizeichefs von Los Angeles waren zu schmieren, damit die Wahrheit über diese Rabenmutter nicht ans Licht kam.
Am Star hing offenbar doch mehr, als sich der Senat in Washington mit seinen moralinsauren Erkenntnissen träumen ließ. Stars wurden gemacht, und wenn es sein mußte, von der eigenen Mutter und mit allen Listen und Kniffen. Charlotte Shelby kannte keine Skrupel, sie wußte wie man den Ruhm erzwang.
1922, als es mit der Karriere von Mabel Normand, Mary Miles Minter und William Desmond Taylor vorbei war, erschien ein neuer Stern am Himmel, sein Name war Will H. Hays. Die Gründungsväter Adolph Zukor, Marcus Loew, Carl Laemmle, William Fox, Samuel Goldwyn, Lewis und Myron Selznick beschlossen, daß etwas für den moralischen Anstrich der Filmindustrie getan werden müsse. Und so setzten sie ein Jahresgehalt von 100.000 Dollar für einen Sittenwächter aus, der Drehbücher prüfen, Filme noch vor der öffentlichen Vorführung inspizieren und den Lebenswandel der Schauspieler überwachen sollte. Will Hays, damals Postminister, wurde als häßlich und bigott genug befunden, um den Posten auszufüllen.
Tatsächlich ging er sofort daran, die Öffentlichkeit davon zu unterrichten, daß man in Hollywood bescheiden und bürgerlich lebe, daß man sonntags in die Kirche gehe und daß auf Parties außer Milch nichts getrunken werde. Daß Hays bei allem missionarischen Eifer auch noch ein ziemlicher Idiot war, stellte sich heraus, als er eine Verfilmung von Tolstois »Anna Karenina« ablehnte, weil, ja weil die Heldin Ehebruch begeht. Erst als man ihm berichtete, daß Anna am Schluß ihr verdientes Ende finde, gab er sein Plazet. Unter Hays' Ägide sollte die Leinwand sauber werden, sollten die Guten belohnt und die Bösen bestraft werden. Im Privatleben der Stars sollte nach seinem Willen alles sauber zugehen:

*W. C. Fields in ›Gib keinem Trottel eine Chance‹*

keine wilden Ehen mehr, keine Affären, kein Alkohol und schon gar kein Rauschgift.

»Die Möglichkeiten des Films zur moralischen Erziehung und Beeinflussung sind grenzenlos«, ließ sich der Tugendwächter vernehmen. »Deshalb muß seine Integrität geschützt werden, wie wir die Integrität unserer Kinder und unserer Schulen schützen, und seine Qualität muß verbessert werden, wie wir die Qualität unserer Schulen verbessern. Über allem steht unsere Verantwortung für die Jugend. Wir haben vor jenem Heiligtum, das die Seele eines Kindes darstellt, dieser reinen, unbefleckten und jungfräulichen Schiefertafel, die gleiche Pflicht, die gleiche Verantwortung für das, was auf die geschrieben wird, wie sie der beste Lehrer, der beste Pfarrer, die größten Erzieher der Jugend haben.«

Das Skandalbuch Hollywood war damit jedoch keineswegs geschlossen, ja es schien, als würde Hays' Funktion vor allem darin bestehen, den Stars noch mehr Anlaß zu ihrem schamlosen Treiben zu geben. Was in aller Welt sollte der Zuschauer auch mit einem Star, der freiwillig so bieder lebte wie er selbst? Wozu verdiente er soviel Geld, wenn er es bestenfalls für Autos ausgeben durfte? Was sollte schließlich der Ruhm, der den Star über seine Verehrer hinaushob, wenn er sich nicht ein wenig standesgemäß und eben extravagant aufführen durfte? Will Hays hat das nie verstanden. Dafür hat er unbeabsichtigt das Kunststück fertiggebracht, daß sich unter seiner Regierungszeit die Qualität der Filme verbesserte, ohne daß sie deshalb moralischer geworden wären. Der 1930 verkündete *Production Code* sperrte alles Eindeutige aus, aber die Drehbuchautoren waren findig genug, die Zuschauer mit Andeutungen und Anspielungen auf das Verbotene zu unterhalten. Vielleicht hätte es die ganzen *screwball comedies* der dreißiger Jahre gar nicht in dieser Form gegeben, wenn nicht Mr. Hays auf die klaren Worte gewartet hätte, die dann nicht so klar kamen.

Hays trat sein Amt als Saubermann mit einer Liste von über 100 Namen an, deren Träger er alle aus dem Verkehr ziehen oder doch zu einem einwandfreien Lebenswandel bekehren wollte. Das erste Opfer hieß Wallace Reid. Der Schwarm aller jungen Mädchen hatte zu Beginn der Dreharbeiten zu *Forever* die erste Morphiumspritze gedrückt und war bereits am Ende des Films süchtig. Sein Gesundheitszustand verschlechterte sich während des Jahres 1921 zusehends, so daß man auch bei Paramount überlegte, ob man Reid nicht besser aus dem Einzugsbereich der Kamera nehmen sollte. Im März 1922 ließ ihn seine Frau Dorothy Davenport in ein privates Sanatorium zur Kur einweisen. Durch den Entzug entwickelte Wally Reid Verfolgungswahn, wurde in die Gummizelle gebracht und verschied 30jährig Anfang 1923.

Natürlich gab es gleich Gerüchte, der Publikumsliebling sei »eingeschläfert worden«, aber die lukrativ trauernde Witwe, die sich fortan nur noch Mrs. Wallace Reid nennen sollte, klärte alle über den wahren Sachverhalt auf: »Wally war geheilt, aber physisch am Ende. Nur die kontrollierte Rückkehr zur Droge hätte ihn retten können.« Tja. Anschließend ging Mrs. Wallace Reid auf eine PR-Tour, um die Jugend Amerikas vor dem Rauschgift zu warnen und dezent auf ihren neuen Film *Human Wreckage* hinzuweisen.

Weitere Rauschgiftopfer waren Barbara LaMarr und Alma Rubens; Juanita Hansen kam davon los und begründete eine Stiftung, mit der sie einen Kreuzzug gegen das Gift führte. Mit wenig Erfolg, wie sich denken läßt. Zum Starruhm gehörte diese Schattenseite einfach dazu. Vom pausenlosen Einsatz erschöpfte Schauspieler nahmen Drogen und tranken, um den Druck überhaupt noch auszuhalten. Daß sie damit ihr Ende beschleunigten, kann sich jeder denken. Aber der Zuschauer braucht diese Schicksalsschläge, die zeigen, daß die Götter nicht unverwundbar sind, daß sie für ihren Ruhm und ihr Geld auch ihre Strafe finden.

Weiter in der Skandalchronik. Ein großer Name ist es diesmal, ein Name, der noch heute jedem Filmliebhaber ein Begriff ist: Charles Chaplin. Der Tramp war wie die meisten Künstler in Hollywood ein Immigrant, ein Ausländer, der nach Amerika gekommen war, weil es hier einfach die besseren Möglichkeiten für ihn gab. Aber im Gegensatz zu den meisten anderen weigerte sich Chaplin, seine (britische) Staatsbürgerschaft aufzugeben und richtiger Amerikaner zu werden.

Nach dem Zweiten Weltkrieg, als Senator McCarthy neugierig den politischen Interessen der Stars hinterherschnüffelte, war es deshalb leicht, den ungeliebten, weil höchst erfolgreichen Ausländer aus Amerika hinauszuwerfen.

Chaplin, der ebenfalls bei Mack Sennett angefangen hatte und inzwischen sein eigener Hauptdarsteller, Regisseur, Produzent und gelegentlich auch Komponist geworden war, verzeichnete erstaunliche Erfolge bei den Frauen. So hatte er zwei Jahre lang ein Verhältnis mit der zunächst erst 14jährigen Mildred Harris, die er schließlich, veranlaßt durch eine Schwangerschaft, 1918 heiratete. Das Kind der 16jährigen Mutter starb gleich nach der Geburt. Zwei Jahre später war es mit der Liebe aus.

*Wirres Doppel: Groucho Marx, Charles Chaplin, Ellsworth Vines, Fred Perry*

Als nächstes verguckte sich Chaplin in die gleichfalls ziemlich minderjährige Lillita McMurray, die er in Lita Grey umtaufte. Seit er sie als Siebenjährige in einem Café gesehen hatte, setzte er sie als Statistin in seinen Filmen ein und zog sie sich langsam zur Geliebten heran. Mrs. McMurray billigte das alles, denn schließlich war der Tramp nicht gerade arm. Als Lita bei den Dreharbeiten zu *The Gold Rush* zusammenbrach, war der Fall klar: sofortige Hochzeit. »Die nur als ›shotgun marriage‹ anzusprechende Heirat am 24. November 1924 lieferte der Boulevardpresse den Hollywood-Skandal des Jahres. Es wurde Chaplins Feuertaufe. Er versuchte dem Skandal auszuweichen, doch 50 Reporter folgten dem Paar, das über die Grenze nach Mexiko floh, um unauffällig zu heiraten. Nach dem Bericht der Boulevardblätter sah Chaplin, als sich das junge Paar seinen Weg durch die Reportermeute bahnte, ›grau‹ aus. Als er mit einer Gruppe von Freunden in den Zug nach Los Angeles stieg, sagte Chaplin in seiner Hochzeitsnacht: ›Also, Jungs, das ist besser als das Zucht-

*Dreharbeiten mit Windmaschine*

*Chaplin im ›Goldrausch‹*

haus, aber lange wird es nicht dauern.‹« (Kenneth Anger) Wie man sich doch täuschen kann.

Ein Onkel Litas, der zufällig Rechtsanwalt war, hatte dem angehenden Gemahl seiner Nichte nämlich hingerieben, daß er, Chaplin, vor einer Anklage wegen Vergewaltigung stehe, wenn er nicht bereit sei, die minderjährige Lita zu heiraten. Dummchen Lita gebar ihrem Ehemann zwei Söhne und begann damit, der Mutter genauestens Bericht über alles zu er-

statten, was zwischen dem liebenden Paar vorfiel, Bettgeflüster inklusive.
Eines Tages schmiß Chaplin Lita samt ihrer Verwandtschaft aus dem Haus, und sechs Wochen später reichte Lita die Scheidung wegen seelischer Grausamkeit ein. Chaplins gesamtes Vermögen wurde beschlagnahmt, denn die Familie forderte nicht weniger als eine Million Abfindung. Der Tramp erlitt einen Nervenzusammenbruch und stellte anschließend fest, daß ganz Amerika über seine »Perversionen« tratschte: Litas Mutter hatte die saftigsten Teile der Anklageschrift, eben die Bettgeschichten, in den Druck gegeben und für 25 Cent feilbieten lassen. Plötzlich erfuhr das ganze Land, was Fellatio war. »Anscheinend war Mrs. Chaplin nicht einverstanden gewesen, ›diesen anomalen, widernatürlichen, pervertierten, degenerierten und unzüchtigen Akt‹ (wie er von ihren Anwälten beschrieben wurde) auszuüben, während Chaplin ihr zuredete: ›Sei ruhig, Schatz – alle verheirateten Leute tun das.‹« (Kenneth Anger)
Chaplin, 1927 immerhin bereits 38 und ergraut, antwortete mit einer ungleich würdevolleren Erklärung: »Ich habe Lita Grey geheiratet, weil ich sie liebte, und wie viele dumme Männer habe ich sie noch mehr geliebt, nachdem sie mir unrecht tat, und ich fürchte, ich liebe sie noch immer. An dem Tag, an dem sie mir erzählte, sie liebe mich nicht, wir müßten aber trotzdem heiraten, war ich schockiert und dem Selbstmord nahe. Litas Mutter hat mir oft gesagt, ich solle Lita heiraten, und ich habe ihr gesagt, daß ich es nur allzu gern täte, wenn wir bloß Kinder haben könnten. Ich hatte geglaubt, ich könne niemals Vater werden. Ihre Mutter hat mir Lita ständig und mit Vorsatz vor die Füße gelegt. Sie hat unsere Beziehungen unterstützt.« Chaplin kam mit einer Abfindungssumme von 625.000 Dollar davon.
1943 stand Charles Chaplin wieder vor Gericht, diesmal ging es um eine Vaterschaftsklage. Joan Barry war als Komparsin längere Zeit auf der Gehaltsliste des Produzenten Chaplin gestanden und hatte wohl auch manches Mal das Bett mit ihm geteilt. Als er ihrer überdrüssig wurde, drang sie einmal mit der Pistole bei ihm ein oder wurde dabei ertappt, wie sie ver-

suchte, sich durch ein Fenster Einlaß in sein Haus zu verschaffen.
Schließlich verfiel Joan Barry auf die glücklichste Lösung: Sie ging die Klatschkolumnistin Hedda Hopper besuchen, die Chaplins geschworene Feindin war. In ihrer Spalte warnte sie Amerikas Mädchen davor, sich mit dem inzwischen weißhaarigen »Perversen« einzulassen, der außerdem nicht einmal amerikanischer Staatsbürger war. Joan Barry behauptete, ein Kind zu erwarten, dessen Vater, natürlich, Charles Chaplin war. Der Angeklagte erklärte sich zu einem Bluttest bereit und hätte eigentlich freikommen müssen, denn das Gutachten schloß eine Vaterschaft eindeutig aus. Die Geschworenen entschieden dennoch gegen ihn und für Unterhaltszahlungen.
Die schönste Klatschgeschichte aller Zeiten erzählte aber nicht Hedda Hopper, auch nicht ihre Rivalin Louella Parsons, sondern Hollywoods größtes Wunderkind vor Steven Spielberg: Orson Welles. Dessen erster Film *Citizen Kane* (1941), nach dem Drehbuch von Herman Mankiewicz, berichtete von Charles Foster Kane, dem reichen Erben, der voller Ideale bei einer Zeitung anfängt, schließlich ein ganzes Presse-Imperium besitzt, den es in die Politik drängt und der an seiner Leidenschaft für die talentlose Sängerin Susan Alexander scheitert. Kane stirbt mit einem Wort auf den Lippen, dem der recherchierende Reporter den ganzen Film über auf der Spur ist: „Rosebud". Am Ende sieht man, wie unter den vielen Dingen, die bei den Aufräumarbeiten ins Feuer fliegen, sich auch ein Schlitten befindet, der mit »Rosebud« beschriftet ist.
Jeder, der in Amerika nur halbwegs Bescheid wußte, kannte die eigentliche Identität Kanes: Es war niemand anderer als der Pressezar William Randolph Hearst. Und jeder wußte auch, wer mit der stimmlosen Sängerin gemeint war: Hearsts große Liebe Marion Davies. Als sie noch keine 16 war und er bereits auf die 60 zuging, lernten sie sich kennen und lieben. Mit Hilfe seiner Zeitungen hämmerte Hearst/Kane jedem Leser ein, daß Marion Davies die größte Schauspielerin aller Zeiten war. Dieses eigenartige Verhältnis bot allen Anlaß zu

›*Citizen Kane*‹ *mit Orson Welles und Joseph Cotten*

Getuschel und Gerüchten, nur daß keiner offen darüber zu sprechen wagte, weil Hearst zu mächtig war.
Später hat Marion Davies selbst zugegeben, daß ihre Karriere allenfalls zu fünf Prozent aus Talent bestand und der Rest aus Publicity gespeist wurde. Dorothy Parker, diese herrlich bittere Schriftstellerin, machte sich einmal einen Reim auf diese Erfolgsgeschichte:

*Upon my honor*
*I saw a madonna*
*Sitting alone in a niche*
*Above the door*
*Of the glamorous whore*
*Of a prominent son-of-a-bitch.*

*›Nahaufnahme‹ mit Richard Dreyfuss und Veronica Cartwright*

(Dieser Limerick ist allenfalls seinem Inhalt, kaum seinem Witz nach wiederzugeben: »Auf meine Ehre: Ich hab' die heilige Maria gesehen, wie sie ganz allein in einer Nische über der Tür der glanzvollen Hure eines berühmten Hurenbocks saß.« Anm. d. Übersetzers)
Hearst jedenfalls wußte, wie ihm in *Citizen Kane* mitgespielt

wurde, und er ließ in seinen Zeitungen wüste Attacken gegen den Film reiten. Eins konnte er jedoch nicht verhindern, daß nämlich ein intimes Detail seiner Beziehung zu Marion Davies im Film immer und immer wieder hinausposaunt wurde, das Wörtchen »Rosebud«. Damit, mit »Rosenknospe«, bezeichnete der alternde Magnat nämlich das ihm sehr teure Geschlechtsteil seiner Marion. Mankiewicz hatte irgendwie davon Wind bekommen und ließ das Wort mit sardonischer Lust immer wieder aussprechen.

Anders als das Kunstprodukt Marion Davies, das sich bald in den Alkohol und etliche Pfunde Übergewicht zurückzog, war Clara Bow ein wirklicher Star. Sie war der Inbegriff des rauschhaften Jazz-Zeitalters, war Tempo, Lebensfreude und Sex. Als ihre Sekretärin mit einer Liste all der Besucher, die Clara Bow in vier Jahren empfangen hatte, zu einer Klatschzeitung ging, kam so manches ans Tageslicht. Zu den Gästen hatte einmal auch das gesamte Football-Team der University of Southern California gehört, das elf Mann hoch angereist war. Einer davon hieß übrigens Marion Michael Morrison. ?? Kein Begriff? Morrison wurde später unter seinem Künstlernamen John Wayne berühmt.

»Am Ruf, ein Sexsymbol zu sein, hat man schwer zu tragen, besonders wenn man müde, verletzt und verstört ist«, erkannte das Mädchen Clara nach dem Prozeß, den sie wegen ihrer treulosen Sekretärin hatte führen müssen. Ihre Karriere, die mit *It* (1927) ihren Höhepunkt erreicht hatte (von daher stammte auch die Bezeichnung »The It Girl«), ging danach ziemlich rasch zu Ende. Ein schöneres Ende hätte man sich gar nicht vorstellen können: In ihrem ersten Tonfilm, *The Wild Party,* mußte sie in einen Mädchenschlafsaal stürzen und rufen: »Hello, everybody!« Das tat sie auch, und im Tonstudio brannten alle Röhren durch, weil sie ihrem Brooklyn-Organ nicht gewachsen waren.

»Der Niedergang Clara Bows, die für eine ganze Generation der Inbegriff der flammenden Jugend gewesen war, besiegelte Hollywoods Ruf als der Stadt, wo Mädchen unter die Räder kommen. Das Publikum kannte sich aus: Clara konnte solche Sachen doch einfach nicht im ruhigen Brooklyn gelernt haben! Der ganze Verein von Priestern, Politikern und Moralaposteln stimmte mit dem Furor der alten Zeiten von Fatty Arbuckle seinen Schlachtruf wieder an: Wieder war ein Stern in seinen Flammen verglüht. Nachdem sich Clara als die Hure von Babylon entpuppt hatte, erkannte der Ratgeber der Kanzel, ein Dr. S. Parkes Cadman, mit der Sicherheit des Jüngsten Gerichts Hollywood als das, was es war: ›Der Friedhof der Tugend.‹« (Kenneth Anger)

*Mae West als ›Sirene vom Mississippi‹*

*John Huston (links) dirigiert Raquel Welch und Mae West*

Eine würdige Erbin Clara Bows war die eher füllige Mae West. Aber während die hübschere Clara daran zugrunde ging, daß sie ihre Leinwandidentität auch ins Leben mitnehmen wollte, wußte Mae klar zu trennen. Jeder wußte, daß sie gutgebaute und am liebsten etwas beschränkte Männer schätzte, aber das ging niemanden etwas an. Auf der Leinwand tobte sie sich – in den Maßen, die Will Hays und seine Helfershelfer im Lande erlaubten – nach Herzenslust aus, nach dem Motto: »Wenn ich gut bin, bin ich sehr gut, wenn ich schlecht bin, noch besser.«
Schon ihr Gang war ein Angriff auf alles, was bisher erlaubt

und verboten war. Will Hays wachte aus seinem Dornröschenschlaf auf, in den er sicherheitshalber verfallen war, als ihm passive Bestechung während seiner Amtszeit als Postminister nachgewiesen worden war, und in Chicago gründete sich eine »National Legion of Decency«, die es ganz besonders auf die angeblich öffentliches Ärgernis erregenden Filme der Mae West abgesehen hatte. Aber was sollte man gegen so schlagende Dialogzeilen wie diese unternehmen: »Ist das eine Pistole in deiner Tasche, oder freust du dich nur, mich zu sehen?«

In einem ihrer letzten Filme, in *My Little Chickadee* (1939), trat sie zusammen mit W. C. Fields auf, dem besten Widerling, der je Komödie spielte: Duet infernal. Sie wurde über 80 Jahre alt, überlebte alle ihre Feinde. Im hohen Alter stellte sie sich zum Spaß noch mal vor die Kamera: in *Myra Brekkinridge* (1970) und in *Sextette* (1977).

Mae West hatte noch etwas von dem Gründerzeitcharme, der sich um keinen Preis an die neue Zeit gewöhnen will. Mit jedem ihrer Filme lieferte sie einen Skandal, so daß sie fast gewaltsam aus dem Verkehr gezogen werden mußte. Bei ihren Kolleginnen und Kollegen, die im Privatleben gegen Sitte und Anstand verstoßen hatten, konnten die Moralwächter leichter einschreiten und ein Sanatorium zur Umerziehung empfehlen. Offensichtlich war diese Stadt, das einst so idyllische Hollywood, krank, und das nicht nur moralisch. Vielleicht war es das Klima, das vielen nicht zusagte, vielleicht verkrafteten manche wirklich nicht den raschen Aufstieg, das viele Geld.

Nicht alle taten sich so leicht damit wie Joan Crawford, die während der Wirtschaftskrise, als ein Viertel der amerikanischen Bevölkerung hungerte, in *Photoplay* zur großen Verschwendung aufrief: »Ich, Joan Crawford, glaube an den Dollar. Alles, was ich verdiene, gebe ich aus.«

Einige wenige waren es, die so luxuriös reden und auch leben konnten. Sie waren zu Kassenmagneten geworden, sie hatten die Umstellung vom Stumm- auf den Tonfilm überlebt, und sie lebten so märchenhaft, wie sich das die kleinen Stenotypistinnen vorstellten: Schmuck, Pelze, Yachten, Autos, Villen.

Zum Trost für den neidisch gaffenden Zuschauer kam zwischendurch immer mal wieder das Schicksal zum Zug und schlug zu mit eherner Faust. Und wenn es einem der Stars einmal wirklich elend ging, wenn er sich einer Entziehungskur unterziehen mußte, wenn er keine Rollen mehr bekam, weil er zu alt wurde, dann konnte der Zuschauer durchatmen und sich damit beruhigen, daß es doch wohl Hybris wäre, sich selber in den Glanz und in die Sonne Kaliforniens zu wünschen. »Deshalb ist der Starkult keine Randerscheinung, sondern die Glanzzeit des Kinos überhaupt, seine mythische Transfiguration, der letzte große Mythos der Moderne. Eben weil das Idol nur ein ansteckendes Bild ist, ein gewaltsam realisiertes Ideal.« (Jean Baudrillard)

*Faye Dunaway als Joan Crawford in ›Meine liebe Rabenmutter‹*

*Jessica Lange spielt den geprügelten Hollywood-Star Frances Farmer*

Der Star mit seinem schnell verglühenden Leben, mit seiner vergänglichen Schönheit, seinem glückhaften Erfolg, der immer am Rande des Absturzes balanciert, ist die große Erfindung dieses Jahrhunderts. Wenn die Götter schweigen, kreiert sich der Mensch Idole nach seinem eigenen Bild und Gleichnis. Nur einen Tick anders müssen sie sein: größer, schöner, jünger, reicher, begehrenswerter. In Hollywood, der Traumfabrik für fast die ganze Welt, erschafft sich der Mensch noch einmal neu.

# Die Stars

*Starbucker starbucker star*

*Rolling Stones*

»Nicht einen Augenblick konnte ich glauben, daß ich wirklich in der Bronx leben sollte. Ich konnte nicht arm sein. Da war irgendein furchtbarer Fehler passiert. Mit viereinhalb Jahren wußte ich, daß nur das Kino diesen Fehler bereinigen konnte. Shirley Temple war genauso alt wie ich, und sie war da oben auf der großen Leinwand, in meiner Lebensgröße, doch es waren keine depressionsgeplagten Erwachsenen, die sie umgaben, sondern Herren im Dinnerjacket, Damen in teuren Kleidern, schwarze Butler, lange weiße Marmortreppen.
Ich wohnte im dritten Stock. Mit viereinhalb war es sehr unerfreulich, jeden Tag diese drei Treppen hinauf- und herunterzusteigen. Hätte ich jedoch mit meinem Butler auf Shirley Temples Treppe tanzen können, die noch steiler war als zehn Bronx-Treppen, hätte mein Leben einen Sinn bekommen. Nur einmal wenn ich mit reichen, verrückten, steppenden Erwachsenen in Dinnerjackets zusammengekommen wäre, hätte mich das für Turnen, Rechnen, Musik und Zeichenunterricht entschädigt.
Der kleine Freddie Bartholomew war wie ich: Wir waren beide klein, zart und einfach süß. Freddie lebte in einem Slum; ich selber bestenfalls 100 Meter daneben. Wir hatten beide genug Ärger in unserer jeweiligen Straße. Ein Blick genügte, um zu wissen, daß wir ganz woanders hingehörten. Wir waren einfach anders. Dann, 15 Minuten nach dem Beginn von *Little Lord Fauntleroy,* kam es heraus: Freddie war jemand anderes. Er war der verlorengeglaubte Sohn eines englischen Lords. Von einem Blinzeln zum nächsten war Freddie auf ein englisches Gut versetzt. Ich saß weiter im Mief des Ward-Theaters an der Westchester Avenue, und während die draußen vorbeiratternde Hochbahn mich schüttelte, wurde mir

*America's Sweetheart Mary Pickford*

klar, daß ich mit meiner Vermutung schließlich recht behalten hatte: Ich war nicht der Sohn von Dave und Rhonda Feiffer, ich war entführt worden. Ich war kein Jude, sondern gehörte einer anderen Religion an: Ich war Engländer.
Als Schneewittchen sang ›Some Day My Prince Will Come‹, sprach sie meiner Generation aus dem Herzen: Eines Tages würde meine Zukunft kommen, mein Geld, mein Job, mein

Schatz, mein Landhaus, mein Tanz mit Ginger Rogers. Ich würde von hier erlöst werden, weil ich nicht hierher gehörte; ich gehörte nicht zu den Armen, zu den Arbeitern oder den Bauern oder den Juden. In meinen Adern fließt königliches Blut.
Eingewanderte jüdische Produzenten und irisch-katholische Regisseure der ersten Generation lehrten mich, daß ich der anglikanischen Hochkirche angehörte. Das Geheimnis des Schmelztiegels bestand darin, daß ich ein christlicher Prinz geworden sein mußte ...
Später gab es Gary Cooper und Jimmy Stewart. Mit den beiden als Helden entfernte man sich von der Anglophilie. Ich war schon neun oder zehn, bereit, den Kinderkram aufzuge-

*Gala mit Cary Grant*

ben und mich in die Prärie hinauszuwagen, wo die Männer langsam ausschritten, sehr groß waren und lange Schatten warfen. Coop und Jimmy und Hank Fonda waren direkt. ›Ma‹ hörte sich an wie ›Mo‹, womit die Mutterschaft etwas Lincolnhaftes bekam. ›Mo‹ sprach weich und warm und klug. ›Mo‹ war irgendwie größer, aber deshalb nicht zum Fürchten. Am wichtigsten aber war, daß ›Mos‹ Söhne Tom Joad oder Tom Destry oder Bill Hickok hießen, womit erwiesen war, daß man auch Amerikaner sein konnte und nicht nur Lord oder Herzog oder sonst was Großartiges. Man durfte aus armen Verhältnissen kommen, wo sich die Leute alle an den Händen faßten und tapfer zusammenhielten.
Schließlich mußte John Garfield kommen, bis man gleichzeitig Jude und Filmstar sein durfte. Jetzt war man nicht mehr irgendwie an den Leinwandrand gedrängt, um als bester Freund, als Handlanger, Matrose oder als Lakritzenverkäufer eine beschränkte Rolle zu spielen. Garfield stand in privilegierter Isolation auf einem Dach und nicht in der Prärie, er schüttelte die Faust gegen Manhattan, gegen die Penthäuser, gegen die wunderschönen Frauen, gegen die Herren in Dinnerjackets. ›Ich werd's euch zeigen‹, schrie er und meinte damit, er würde einmal zu ihnen gehören. ›Ich werde mein eigenes Penthaus haben, das genauso gut ist wie die euren. Ich werde meine eigene teurer gekleidete Frau haben, und wenn sie und ich uns einmal streiten, dann werde ich, genauso wie ihr, mit dem Taxi in meinen Männerclub abrauschen.‹
Garfield hatte eine neue Botschaft für mich: daß ich Jude bleiben konnte und nicht zu den Zuarbeitern abgeordnet würde. Ich mußte nicht evangelisch werden, wenn ich ein Held sein wollte! Auch für die Juden gab es den Sozialdarwinismus. Wer hätte das gedacht!«
So wie hier Jules Feiffer aus seiner Kindheit in der Bronx erzählt, könnten das Millionen andere, die sich ihr Leben nach dem Bild der Hollywoodstars erträumten. Der Star wußte, wie man mit allen Lebenslagen fertig wurde, er bekam die schönste Frau und besiegte elegant den Nebenbuhler. Er kannte keine irdischen Sorgen, denn er war ja im Himmel.
Ein Stern um den anderen ging an diesem Himmel auf, seit

*Gründungsväter und eine Mutter: Chaplin, Zanuck, Goldwyn (hinten), Mary Pickford, Joseph Schenck, Douglas Fairbanks*

die Zuschauer gelernt hatten, daß der Star eine Botschaft für sie persönlich wußte. Das Glück war so leicht zu haben, zumal für jemanden, der dafür bestimmt war.
1919 hatten die vier erfolgreichsten Filmschaffenden beschlossen, sich zusammenzutun und ihre eigene Gesellschaft zu gründen: United Artists. Mary Pickford, ihr Mann Douglas Fairbanks, Charles Chaplin und D. W. Griffith taten sich zusammen, weil die Bosse nicht mehr bereit waren, ihre Gagen und die Ausgaben für ihre Filme zu erhöhen. Anfangs hieß es in Los Angeles, die Irren hätten das Regiment in der Klapsmühle übernommen, und auf Druck der mächtigen Konzerne weigerten sich die Kinos zunächst, die Filme der Publikumslieblinge zu spielen, bis sie merkten, daß die unab-

*Das erste Traumpaar: Mary und Doug*

hängigen Kinobesitzer nur desto größere Gewinne einstreichen konnten. Die Revolution von oben hatte also dieses eine Mal geklappt.
Griffith verschwand ziemlich rasch im Hintergrund, weil seine Filme, verglichen mit jenen, die in den zwanziger Jahren

aus Deutschland herüberkamen, nicht mehr ganz so revolutionär wirkten, wie er behauptete. Dafür etablierte sich der Kobold Douglas Fairbanks. Zusammen mit Mary Pickford führte er die Ehe, die sich die Fans vorstellten: Auf der Leinwand hatten sie sich gefunden, und im Leben ließ der Zauber nicht nach. Am Ende war das Kino doch die schönere Wirk lichkeit. Mary zog sich bald ein wenig aus dem Geschäft zu-

*Douglas Fairbanks, der erste Held des Kinos*

rück, dafür wurde ihr Gemahl zum Helden der Nation. »An einem heiklen Punkt der amerikanischen Geschichte schien Douglas Fairbanks auf alles eine Antwort zu haben.« (Alistair Cooke)

Wenn er als Zorro, als Schwarzer Pirat, als Dieb von Bagdad die Mauern hochkletterte, windschnell auf seinem Pferd davongaloppierte und im entscheidenden Moment immer den Degen zog, den er so meisterhaft zu führen verstand, war es um seine Zuschauer geschehen: Hier war endlich einer, zu dem man mit gutem Recht aufblicken durfte. Wenn Fairbanks am Ende von *The Thief of Bagdad* (1924) den fliegenden Teppich besteigt und aus der Stadt entflieht oder wenn er in *The Black Pirate* (1926) am Großsegel heruntergleitet, indem er die Leinwand mit seinem Messer aufschlitzt, dann sind das die unüberbietbaren Wunder, wie sie heute so naiv und unschuldig nicht mehr zu haben sind. Fairbanks aber war der ewige Spieler, der nie alternde ungestüme Freibeuter, der alles in Aktion umsetzte.

Neben Fairbanks, dem Idol des reinen Kinos, entwickelte sich der Tramp Charlie zu einem ernsthaften Künstler, dem bald nur noch mit dem größten Respekt begegnet wurde. In *The Kid* (1921) verabschiedete er sich von dem anarchistischen Image seiner frühen Kurzfilme, indem er sein Herz für die Leiden anderer entdeckte. Nach diesem Ausflug ins ernste Fach bot *The Gold Rush* (1925) wieder Erleichterung. Die Szene, in der der hungrige Goldsucher seine Schuhe kocht und mit offensichtlich größtem Genuß die Nägel ableckt und die Schnürsenkel verschlingt, hat in der ganzen Filmgeschichte nicht ihresgleichen. Die Zuschauer in Amerika ahnten kaum etwas von der Not, die die Europäer eben durchgemacht hatten, aber bald sollte ein ähnliches Schicksal auch Millionen Amerikaner treffen.

Chaplin wurde vom Publikum und von der Kritik einmütig zum König des Stummfilms gekrönt. Als er *City Lights* (1931) drehte – einen Stummfilm, obwohl man Filme seit vier Jahren auch hören konnte –, gaben sich die Intellektuellen die Türklinke am Atelier in die Hand. Nicht nur Upton Sinclair schaute vorbei, auch der deutsche Stückeschreiber Bertolt

*Der Held und die Schöne, gealtert*

Brecht kam zu Besuch, um die populäre Kunst des großen Clowns zu bewundern.
Der größte Konkurrent des Tramps war Buster Keaton. Wenn heute die Meisterwerke Chaplins doch etwas simpel und gar zu künstlich gewollt wirken, dann hat dagegen

*Der beliebteste Clown*

»Stoneface« Keaton überhaupt nichts von seinem Charme eingebüßt. Während Chaplin in seinem Kostüm immer irgendwie durch alles Unglück stolperte und heil wieder herauskam, stürzte sich der besessene Buster Keaton von einem Unheil ins nächste, ohne je mit der Wimper zu zucken.
Buster war das geborene Opferlamm. Das erwies sich auch nach dem Ende seiner erfolgreichen Filmserie, als er durch seine Frau in eine Familie eingeheiratet hatte, der es nur darauf ankam, ihm sein Vermögen wegzunehmen und ihn zu angeblich publikumswirksameren Auftritten zu bewegen. Keaton fing an zu trinken, verlor sein Geld, seine Frau, die Kontrolle über seine Filme und mußte für einige Zeit ins Sanato-

rium. Als sich der Tonfilm durchgesetzt hatte, mußte Keaton als Gagschreiber und Kleindarsteller wieder mühsam von vorn anfangen. In *Sunset Boulevard* spielte er sich selbst, und Samuel Beckett schrieb aus Verehrung für den großen Künstler einen ganzen *Film* (1965) eigens für ihn. Einen seiner letzten Auftritte hatte er als blinder alter Mann in Richard Lesters *A Funny Thing Happened on the Way to the Forum* (1966). Wie ein Abgesang auf die alten Zeiten, als sie noch Rivalen waren, wirkte Busters Duett mit Chaplin in dessen *Limelight* (1952): Während Chaplin als Populärphilosoph ständig Optimismus zu verbreiten versucht und mit seiner Musik den ganzen Film überzuckert, ist Buster Keaton ein linkischer lebensuntüchtiger Pianist, der wirklich nicht anders als traurig sein kann.
In seinem ersten langen Film *The Three Ages* (1923) besiegt der arme kleine Buster jedesmal den schöneren und größeren Wallace Beery. Damit war das Bild von Buster dem Underdog, der es gegen alle Widerstände doch schafft, kreiert.

*›Moderne Zeiten‹: der Tramp in der Maschine gefangen*

In *Our Hospitality* (1923) ist er einer aus New York, der im Süden sein Erbe antreten soll. Alle Welt ist wieder einmal gegen ihn, vor allem die baumlangen Brüder seiner Braut – gespielt von Natalie Talmadge, Busters damaliger Frau –, aber Buster kommt zu seinem Glück. Die Szene, in der das liebende Paar, das in der Umgebung nur zwergenhaft wirken kann, von den Brüdern bedroht wird, sagt alles über das Mitgefühl, das der kleine Buster Keaton auf sich zog.

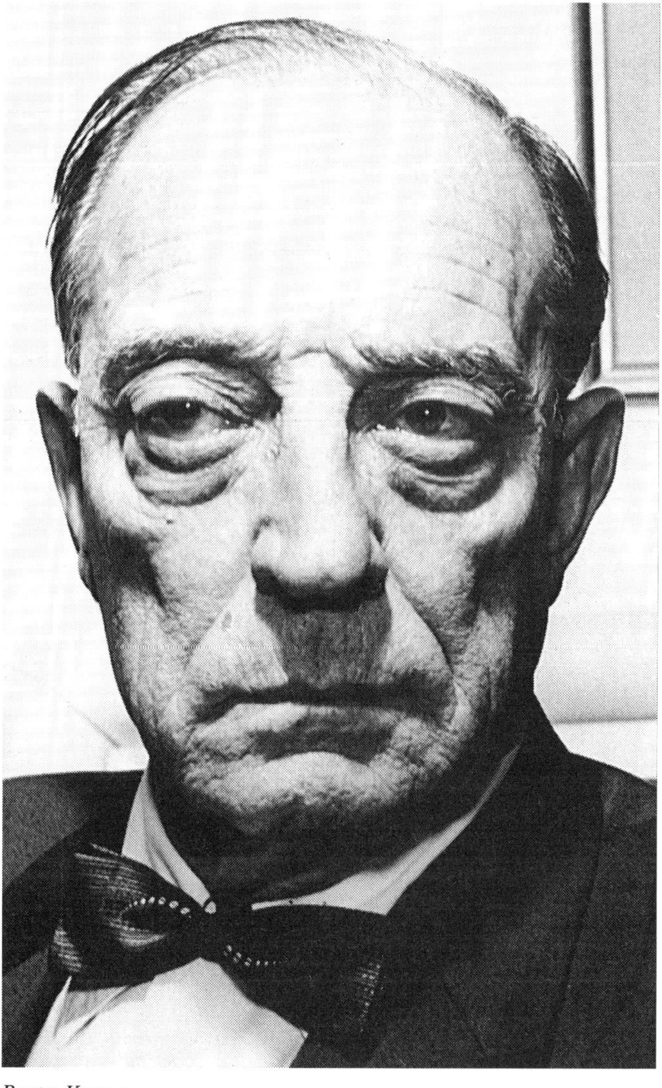

*Buster Keaton*

*Buster im Pech*

Meist mit Hilfe seines Freundes Clyde Bruckman drehte Keaton in den folgenden Jahren ein Meisterwerk nach dem anderen, und jeder seiner Filme war so erfolgreich, daß man sich wirklich fragen muß, warum seine Karriere um 1930 so abrupt enden konnte. *Sherlock Junior* (1924) ist das offensichtliche Vorbild für Woody Allens *The Purple Rose of Cai-*

*ro* und nebenbei das schiere Inbild des Traums vom Kino: Aus dem Kinovorführer wird ein Detektiv, der von der Leinwand heruntersteigt und sich als Held im Leben erweist. In *The General* (1927) gewinnt er fast allein den Bürgerkrieg, in *College* (1927) entwickelt er sich zum größten Sportas, nachdem ihn seine Kameraden und die Angebetete zuerst abgewiesen hatten. Sein vielleicht bester Film ist *Steamboat Bill Jr.* (1928), für den Keaton einen Wirbelsturm entfesselte, um sein ganzes athletisches und technisches Können unter Beweis zu stellen. In *The Cameraman* (1928), der schon erheblich wenig witzig war, drehte sich alles um den Traum vom Kino. Und wieder hatte Buster Glück, wieder half ihm gerade sein offensichtliches Ungeschick.
Von den anderen Clowns hat noch Harold Lloyd überlebt, der ein ähnlich ausgefuchster Techniker wie Buster war. Wer

*›The Purple Rose of Cairo‹ (in der Mitte Jeff Daniels und Mia Farrow)*

je das Glück hatte, einen Film wie *Safety Last* (1923) in einer Kindervorstellung zu sehen, mit einem Publikum also, das noch nicht die Stunts und halsbrecherischen Actionszenen späterer Filme kennt, der wird sich sein Lebtag an dieses wohlige Schwanken zwischen brüllendem Gelächter und schwindelnder Angst erinnern. Wenn Lloyd mit Brille und Kreissäge auf dem wackligen Gerüst herumturnt und jederzeit auf die belebte Straße hinunterstürzen kann (so jedenfalls die Illusion), dann kennt die Begeisterung der Zuschauer keine Grenzen mehr. Auch er war *movie crazy*, und wenn man sich den blasierten Ryan O'Neal in *Nickelodeon* ansieht, weiß man wieder, welches Genie Hollywood an Harold Lloyd hatte.

*Buster an der Kamera*

*Harold Lloyd ist ›Filmverrückt‹*

Ein anderes Genie, das nie die Anerkennung fand, die es verdient hätte, war Erich von Stroheim, in Hollywood bekannt als »der Hunne« oder einfach »Von« und schließlich als »The Man You Love to Hate«. Stroheims Herkunft lag im dunkeln. Er kam aus dem Bereich der ehemaligen Donaumonarchie, aber mit seinem Aussehen kultivierte er das Image eines preußischen Offiziers: fast kahlrasiert, Monokel, steife Haltung, in eine Uniform gequetscht, zackige Umgangsformen. Den ahnungslosen Produzenten imponierte dieses Auftreten, denn als solches Klischee stellte man sich den gebildeten und ein wenig dekadenten Europäer vor.
Stroheim erschien eines Tages bei Carl Laemmle mit einem

*Ryan O'Neal in ›Nickelodeon‹*

Drehbuch unterm Arm, das er (basierend angeblich auf einem eigenen Roman!) selbst geschrieben hatte und nun für 5.000 Dollar verfilmen wollte. Laemmle war einverstanden. Der Film *Blind Husbands* (1919) kostete zwar 100.000 Dollar, war aber über alle Maßen erfolgreich und wurde zum

*The Man You Love to Hate: Erich von Stroheim*

größten Erfolg, der Universal bis dahin vergönnt war. Stroheim der Schauspieler und Stroheim der Regisseur waren über Nacht zum lukrativen Markenzeichen geworden.
*Foolish Wives* (1922) wurde dann gleich der teuerste Film seit *Intolerance*, in dem Stroheim übrigens in der Rolle eines Pha-

risäers zu sehen gewesen war. Diesmal kam Stroheim in ernste Schwierigkeiten, denn nicht nur war der Film nicht sonderlich erfolgreich, er zeigte eine (stilisierte) moralische Verkommenheit, wie sie die Leinwand noch nicht gekannt hatte. Als angeblicher russischer Graf lungert Stroheim in Monte Carlo herum, wo er sich eine reiche Erbin als Frau erwartet. Der Film hatte ohnehin die berühmte Stroheimsche Überlänge, er wurde aber noch weiter gekürzt, weil er sexuell zu explizit war. Da mochten die Kritiker vom bedeutendsten Film, der je gedreht wurde, schwärmen, die lurigen Sittenwächter taten das Werk umstandslos und mit manchmal recht eigenartigen Kommentaren in Acht und Bann. So soll ein Methodistenpfarrer *Foolish Wives* als eine »widerwärtige Lust-Geschichte« bezeichnet haben. »Der Film zeigt nicht nur Spielszenen, man sieht auch noch, wie Männer und Frauen schamlos rauchen.«

Bei *The Merry-Go-Round* (1923) trat dann ein Produzent in Erscheinung, dem F. Scott Fitzgerald ein ganzes Buch gewidmet hat und dem Hollywood noch heute nachweint: Irving Thalberg. Der nahm Stroheim die Regie, weil er mal wieder das Budget weit überzogen hatte. Er war einfach zu weit gegangen und hatte für seine Wiener Soldaten Unterwäsche mit kaiserlichen Abzeichen verlangt. Das war Thalberg zuviel des Teuren, und er feuerte den beispiellosen Verschwender.

Obwohl damit verglichen sein nächster Film, *Greed* (1924), eine Sozialstudie der unteren Schichten war, brachte sich Stroheim auch hier wieder planvoll in Schwierigkeiten: Zwar war der Tonfilm noch gar nicht erfunden, aber es mußte unbedingt einen funktionierenden Glockenzug eingebaut werden. Wie schon in den früheren Filmen erwies sich der österreichische Maniker als Fetischist: Schuhe, Fesseln und hier besonders Geld faszinierten ihn so, daß er die Kamera immer auf solche Details halten ließ. Offensichtlich lebte Stroheim seine sexuellen Obsessionen auf der Leinwand aus, und eine Zeitlang hatte er sogar Erfolg damit, seine Geldgeber von der Notwendigkeit dieser Obsessionen zu überzeugen. Wie kein anderer – außer vielleicht später Orson Welles – verstand es Stroheim, sich den Produzenten als Künstler zu prä-

sentieren, dessen wilde Phantasien sich in reines Gold verwandeln ließen. Er schürte die Gerüchte, die über seine sexuellen Exzesse im Umlauf waren, weil einem solchen Exzentriker auch die entsprechenden Mittel zur Verfügung gestellt wurden.
Mit *The Merry Widow* (1925), einer aufwendigen Operettenverfilmung, die Stroheim aber wenig Gelegenheit für Ausstattungsorgien gab, schien sich sein Verhältnis zur Industrie gebessert zu haben, doch bereits mit *The Wedding March* (1928) verkrachte er sich endgültig mit den Produzenten. Wieder durfte er sich in einem phantastischen Wien austoben, in Uniformen und Verkommenheit schwelgen, aber Paramount gab den Film an Josef von Sternberg und andere

*›Der Hochzeitsmarsch‹ mit Stroheim in der Mitte*

weiter, damit sie den Film auf eine kommerzielle Länge zusammenkürzten.
Als schließlich kein Studio mehr bereit war, Geld für den größenwahnsinnigen Regisseur zu geben, wandte er sich an die Schauspielerin Gloria Swanson, die ihm *Queen Kelly* (1928) zusammen mit ihrem Liebhaber Joseph Kennedy finanzierte. Von diesem Meisterwerk sind nur Fragmente erhalten. Stroheim hatte gar keine Möglichkeit, seinen wüsten Traum um ein unschuldiges Mädchen, das verführt und später zu einer Puffmutter in Afrika wird, fertigzustellen, weil sich mittlerweile die tönende Leinwand durchgesetzt hatte und von einschlägiger Seite wieder einmal moralische Bedenken angemeldet wurden. Nach einem weiteren Film, von dem er allerdings seinen Namen zurückzog, *Walking Down Broadway*

*›Boulevard der Dämmerung‹: William Holden, Gloria Swanson, Erich von Stroheim*

*Rudy*

(1933), erhielt Stroheim keinen einzigen Regieauftrag mehr und zog sich verbittert nach Frankreich zurück. In Billy Wilders *Sunset Boulevard* durfte er sich als Ehemann und ehemaliger Regisseur Gloria Swansons selbst spielen.

Eine ähnlich exotische Figur war in den zwanziger Jahren der Frauenliebling Rudolph Valentino. So recht wußte man nicht, ob der hübsche Junge mit den langen Wimpern nicht vielleicht doch homosexuell gewesen war (zumal seine beiden Frauen Lesbierinnen gewesen sein sollen), auf jeden Fall gingen nach seinem plötzlichen Tod mehrere Mädchen in den Tod, eine unübersehbare Menge umstand den aufgebahrten Leichnam, und bis zum Tod von James Dean blieb Valentino der beliebteste Tote.

War Stroheim Österreicher und Valentino Italiener gewesen, so kam der größte Star der Schwarzweißzeit aus Skandinavien: Greta Garbo. Hier hatte man endlich eine gefunden, die den in der Stummfilmzeit entwickelten somnambulen Stil mit innerlich lodernder Leidenschaft zu verbinden verstand: In den meisten Filmen, die die Garbo drehte, gab sie die tragisch Liebende, deren Glück nicht von dieser Welt sein kann. Gut möglich, daß das, was vor allem die weiblichen Zuschauer an der Garbo so faszinierte, einfach der Ausdruck ihres Heimwehs nach Schweden war, jedenfalls wurde diese Trauer zu einer Ikone.

Sie spielte die Anna Karenina, die Kameliendame und die Königin Christiana, aber am besten war sie wahrscheinlich doch als russische Funktionärin in *Ninotchka* (1939). Hier spielte Ernst Lubitsch erfolgreich mit ihrem Ruf, immer streng und melancholisch zu sein. Zwei Jahre später zog sich die »Göttliche« für immer aus dem Filmgeschäft zurück.

Mit dem Übergang vom Stumm- zum Tonfilm – der erste, wenigstens teilweise vertonte war *The Jazz Singer* (1927) mit Al Jolson – hatten sich die Studios fest etabliert. Paramount, Metro-Goldwyn-Mayer (MGM), 20th Century-Fox, Warner Bros., RKO, Universal und Columbia hielten sich einen festen Stamm von Vertragsschauspielern, die in jedem Film auftreten mußten, den ihr Produzent ihnen zuwies. Drehbücher wurden auf die Stars zugeschnitten (auch ihre Autoren waren feste Angestellte), die Öffentlichkeitsarbeit drehte sich allein um das Starimage, das mit einem neuen Film bestätigt und möglichst nicht allzusehr verändert werden sollte. Jeder Star war nur für eine begrenzte Zeit einsetzbar, dann

*Rudolph Valentino*

*Die Göttliche in ›Menschen im Hotel‹*

hatte sich sein Image erschöpft, und er wurde ausgetauscht. Schauspieler wie Joan Crawford, Barbara Stanwyck oder James Cagney, die sich jahrzehntelang im Geschäft hielten, mußten deshalb das Studio wechseln, was oft genug mit einem Wechsel der Persona verbunden war. Während War-

ner beispielsweise auf die harten Gangsterfilme mit Cagney, Bogart und Robinson spezialisiert war, identifizierte man MGM mit aufwendiger Unterhaltung.
Der erste Erfolg des Studiosystems war möglicherweise Co-

*Greta Garbo als ›Maria Walewska‹*

lumbias *It Happened One Night* (1934). Die Hauptdarsteller Clark Gable und Claudette Colbert wurden von MGM beziehungsweise Paramount ausgeliehen, und beide errangen einen Oscar. Der Legende nach ging der Verkauf in Herrenunterhemden nach diesem Film um drastische 30 Prozent zurück, weil Gable in einer Szene anfing, sein Hemd auszuziehen und darunter nichts außer seinem Brusthaar anhatte. Frank Capra, ein bis dahin vollkommen unbekannter Regisseur, wurde danach zu einem der begehrtesten. Mit Hilfe des Drehbuchs von Robert Riskin entwickelte er seine Erfolgsformel, die später auch *Mr. Smith Goes to Washington* und

*Joel McCrea (links) in ›Sullivans Reisen‹: ein Regisseur auf der Suche nach dem Kinopublikum*

*Mr. Deeds Goes to Town* prägte: ein gutes Auge für den amerikanischen Alltag, ohne den Unterhaltungswunsch des Publikums zu vernachlässigen. Bei ihm gab es zum ersten Mal Busse und Motels zu sehen, aber dieser Realismus verdarb nicht die letztlich doch romantische Geschichte um die reiche Erbin, die von ihrer eigenen Hochzeit ausreißt, von einem sensationsgierigen Reporter verfolgt und schließlich in den sicheren Hafen einer unkonventionellen Ehe geführt wird. Voller Lust umging Capra die sauertöpfische Moral des *Production Code:* In der Nacht, die die beiden zusammen in einem Motelzimmer verbringen, errichten sie zwischen sich mittels einer Wäscheleine und einer Decke die Mauer von Jericho, damit die jeweilige Unschuld gewahrt bleibe. Die Hochzeitsreise führt das mittlerweile glücklich verehelichte Paar wieder in das gleiche Motel. Während sich draußen das Besitzerehepaar noch über das seltsame Begehr des Paares wundert (es hatte sich als Betthupferl eine Leine, eine zusätzliche Decke und eine Trompete ausgebeten), hört man im Hintergrund die Trompete erschallen. Ohne daß es ausgesprochen oder gar gezeigt wurde, fiel drinnen die Mauer von Jericho.
Während Gable und Colbert allenfalls andeutungsweise sündigten, wurde die Deutsche Marlene Dietrich unter der Anleitung ihres Regisseurs Josef von Sternberg zur Sünde selbst stilisiert. In *Shanghai Express* (1932) wurde sie als glamouröse Hure etabliert, in *The Scarlet Empress* (1934) schwankte sie zwischen Heiliger und leidenschaftlich Liebender, doch am Ende trug doch die Beleuchtung Sternbergs den Sieg davon: Marlene war nichts weiter als ein Ausstattungsstück. Marlene Dietrich war keine Schauspielerin, sondern ein Bild, das Bild der Sünde. So wie Professor Unrat in *Der blaue Engel* konnte ihr jeder Mann in die Falle gehen (so suggerierte das Bild), weil er auf sie alle seine Sehnsüchte projizierte. Neben W. C. Fields, Mae West und Laurel and Hardy waren es vor allem die Marx Brothers, die in schönster Übereinstimmung mit dem Publikumsgeschmack doch etwas völlig anderes boten als die Angestellten der großen Studios, nämlich bodenständigen Klamauk und Geschmacklosigkeiten.

*Marlene in Hosen*

Bis heute sind die Zuschauer klar in glühende Verehrer der Brüder und jene anderen geschieden, die sie strikt ablehnen. Groucho Marx gab mit seiner Maxime »Was es auch sein mag, ich bin dagegen«, den Ton ihrer unberechenbaren Frechheiten an. Was man Erich von Stroheim nicht hatte durchgehen lassen, daß er an der Côte d'Azur auf reiche Frauen lauerte, durfte Groucho ohne weitere Beschränkung tun. Seiner Dauerpartnerin Margaret Dumont, die ihn zweifellos liebt und einen besseren Menschen aus ihm machen will, sagt er bei jeder unpassenden Gelegenheit, daß er weniger ihr Äußeres als das Innere ihrer Brieftasche schätzt. Grouchos berühmtester Off-Screen-Spruch, den auch Woody Allen gern verwendet und noch lieber selbst erfunden hätte, war folgender: »Ich habe keine Lust, einem Verein anzugehören, der mich als Mitglied aufnimmt.« Noch im hohen

*Ein Künstlerpaar: Marlene mit Josef von Sternberg*

*»Ich bin von Kopf bis Fuß auf Liebe eingestellt ...«*

Alter, da schon ohne den berühmten falschen Schnurrbart aber immerhin noch mit der dicken Zigarre, verstand er es, seine Kollegen ordentlich zu rempeln: »Ich bin schon so lange im Geschäft, daß ich mich noch an die eine Zeit erinnere, als Doris Day noch keine Jungfrau war.«

Daß sich Hollywood, wenigstens einige Jahre lang, dieses schweinigelnde Trio (Bruder Chico, der ohnehin der seriöseste war, schied bald aus) ertrug, war zum Teil auch das Verdienst Irving Thalbergs. Mit 21 hatte er es bereits zum Produktionschef von Universal gebracht, mit 25 hatte er dieselbe Funktion bei MGM, wo er fortan als der Lieblingssohn von Louis B. Mayer tätig war. Wie es heißt, überwachte er jeden Film, der zu seiner Zeit gedreht wurde, und war auf die Weise für die typische MGM-Handschrift zuständig. Thalberg verfügte keineswegs über mehr Bildung als seine Kollegen, aber er ließ sich das angelegen sein, was er unter »gehobener Unterhaltung« verstand: aufwendige Historienfilme wie *Mutiny on the Bounty* (1935) oder *Romeo and Juliet* (1936) und edle Rührstücke wie *Imitation of Life* (1934).

Sein Wahlspruch lautete: »Filme werden nicht gedreht, sondern nachgedreht.« Danach ließ er praktisch bei jedem Film neu schneiden, neue Szenen einfügen, andere wegschneiden und schließlich das Ergebnis der Feuertaufe der Previews unterwerfen. Fitzgerald, der sich in Hollywood offensichtlich zu Tode soff, schon weil er unter der Fließbandproduktion als hochbezahlter Drehbuchautor litt (eine Stelle, die er Thalberg verdankte), setzte ihm in seiner unvollendeten Erzäh-

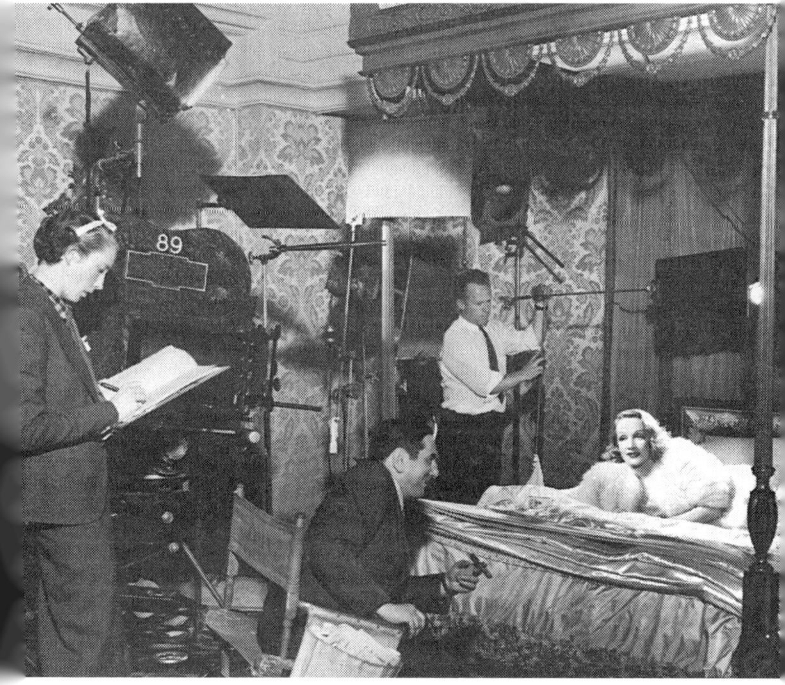

*Sternberg mit der Dietrich im Bett*

*Ein bekannter Hollywood-Regisseur*

lung »Der letzte Tycoon« ein den gehobenen MGM-Standards entsprechendes Denkmal.
Irving Thalberg, der nie über eine Konstitution verfügt hatte, wie er sie in seinem 16stündigen Arbeitstag gebraucht hätte, starb mit 37 Jahren. Vor seinem Tod mußte er noch erleben, daß ihm Louis B. Mayer einen anderen Wunderknaben an die Seite gestellt hatte, daß er also keineswegs mehr der alleinige Produktionschef war. Der Neuling war so neu nicht, denn auch sein Vater und sein Bruder waren mit dem Business wohlvertraut. Der Sohn sollte sie allerdings weit übertreffen, denn David O. Selznick wurde wie kein anderer zum Inbegriff von Hollywoods glanzvollsten Tagen.

# Vom Winde verweht

*Ich will nicht normal sein.*

*David O. Selznick*

Selznick war möglicherweise der größte Irre, der je in Hollywood frei herumlief. Irr natürlich nicht im klinischen, sondern im Sinn von besessen. Sein Vater Lewis J. Selznick hatte zu den Gründungsvätern der Industrie gehört; auf seinen Rat hin wurde Will Hays als Saubermann berufen. David genoß in New York das Leben eines reichen jungen Mannes, der sich überall ein wenig umtut, aber zu nichts verpflichtet ist. Das ging so lange gut, bis sein Vater 1923 Bankrott machte. Jetzt war es mit dem süßen Leben aus, und David mußte sich plötzlich Gedanken über seine Zukunft machen. Eigentlich hatte er ja Schriftsteller werden wollen, aber er hielt es nie lange am Schreibtisch aus; die wenigen Beiträge, die er einsandte, kamen prompt wieder zurück. Dann wollte er sich im Verlagsgeschäft engagieren, aber auch dabei hatte er nur wenig Erfolg. Mit ein paar Dokumentarkurzfilmen kam cr dann schon langsam in die richtigen Geleise. Die alten Verbindungen seines Vaters halfen ihm, als er 1926 eine Stelle bei MGM fand, wo er eine Zeitlang neben Irving Thalberg arbeitete. Obwohl er diesen wie einen großen Bruder bewunderte, mußte Selznick MGM bald wieder verlassen und fand danach Arbeit bei Paramount. 1930 traf er die kluge Entscheidung, Irene Mayer, die Tochter von MGM-Mayer, zu heiraten.

Nachdem er eine Zeitlang versucht hatte, eine unabhängige Gesellschaft aufzuziehen, heuerte Selznick schließlich bei der eher zweitklassigen RKO an, wo er sogleich als Finanzier für *King Kong* (1933) Verwendung fand. Er konnte beobachten, mit welcher Genauigkeit die Regisseure Merian C. Cooper und Ernest Schoedsack an den Details ihres Films arbeiteten: Der Riesenaffe selbst, der Dinosaurier, der Riesenarchäopteryx, der Sumpf und schließlich das Empire State Building in New York sollten so realistisch wie möglich wir-

*David O. Selznick, Hollywoods letzter Tycoon*

ken und im Zusammenspiel den Zuschauer wirklich erschrecken.
Die Geschichte selbst war so simpel, daß schon von Anfang an die Spötter das große Wort führten. Cooper erinnert sich: »Für Leute ohne Phantasie war King Kong ein Haufen Mist, und jeder dachte, das wird die größte Idiotie in der Geschich-

te der Filmindustrie.« Der Film lief wenige Wochen nach dem Amstantritt Franklin D. Roosevelts an, als die Depression eben ihren Höhepunkt erreicht hatte. Die Leute strömten dennoch in Scharen ins Kino, denn hier zeigte sich, daß ein unfaßbares Ungeheuer letztlich doch durch die moderne Technologie zu besiegen war. Es gibt, so lautete die Moral zu der Zeit, ein Mittel gegen unser Elend.
Selznick kehrte nach diesem ersten Erfolg, den er mitverantwortet hatte, zu MGM und in die Arme seines Schwiegervaters Mayer zurück. Verständlich, daß sich seine Kollegen über die Klüngelei erregten. Selznick dachte daran, sich wieder zurückzuziehen, doch Mayer wollte ihn auf keinen Fall gehen lassen, weil er sich einen Verbündeten gegen und

*King Kong über New York*

*La Dietrich*

einen Nachfolger für Irving Thalberg, der im vergangenen Jahr einen ersten Herzanfall erlitten hatte, erwartete. Selznick versprach sich, fleißig und erfolgreich zu sein: »Ich sah keine andere Möglichkeit, als zu versuchen, einige gute Filme zu produzieren, mit denen ich teilweise die Position in der Branche zurückgewinnen konnte, die ich verloren hatte, weil ich zu MGM gegangen war.«

Sein erstes Meisterwerk lieferte Selznick mit *David Copperfield* ab, bei dem sein Freund George Cukor Regie führte. Das war genau das, was man bei MGM unter »Klasse« verstand: namhafte Darsteller, ein berühmter Roman, eine rührende Story und atemberaubend unechte Bauten; eben alles sehr britisch. Vom Ergebnis waren dann sogar die Engländer begeistert, denen man eher zugetraut hätte, daß sie sich über den Mißbrauch ihrer Klassiker durch die amerikanische Filmindustrie ereifern würden. Selznick lieferte einen weiteren Dickens-Stoff, *A Tale of Two Cities,* nach und hatte die Ehre, einen Film mit der großen Greta Garbo produzieren zu dürfen (*Anna Karenina*).

Dennoch war er bei MGM nicht allzu glücklich. Einmal ging ihm der Kollegenneid weiter nahe, zum anderen war er wild entschlossen, den Konkurs seines Vaters durch eigenen Erfolg wiedergutzumachen. Mit der Hilfe verschiedener Geldgeber begründete er deshalb 1935 die Selznick International Pictures.

Die erste große Arbeit wurde das Marlene-Dietrich-Vehikel *The Garden of Allah,* in dem zum ersten Mal das neue Technicolorverfahren angewandt wurde. Marlene wirkte dadurch noch unwirklicher und zugleich erreichbarer, als wäre sie eben vom Himmel herabgestiegen.

In dieser Zeit war Selznick schon so sehr von sich selbst eingenommen, daß er bereits die ersten Fehlentscheidungen treffen konnte. Wie jeder andere Produzent in Hollywood betrachtete er Regisseure als Angestellte, die sich seinen Weisungen ohne Murren zu fügen hatten; wer damit nicht einverstanden war, der konnte ja gehen.

Merian C. Cooper war inzwischen Selznicks Stellvertreter geworden, und als solcher hatte er einen Vertrag mit dem seiner Meinung nach »besten lebenden Regisseur«, mit John Ford, abgeschlossen. Der Ire sollte für ihn den Film *Stagecoach* drehen, bestand aber auf den völlig unbekannten Schauspielern Claire Trevor und John Wayne. Selznick kam schon die Geschichte öde und langweilig vor, und einen Film ohne Stars konnte er sich bei seiner Reputation schon überhaupt nicht vorstellen. Er trennte sich also lieber von Cooper

*John Wayne*

und Ford und vertat damit die Chance, an einem der besten Western, die bis dahin gedreht wurden, mitzuwirken. Selznick blieb eisern: »Ich sehe keinen Grund, einen Stoff zu produzieren, nur weil er einem Mann gefällt, der zwar, wie ich gern zugebe, einer der besten Regisseure der Welt ist, der aber kommerziell bisher alles andere als erfolgreich war. Er ist ein hervorragender Mann, aber es hat keinen Sinn, ihn wie einen Gott zu behandeln.«

Statt *Stagecoach* konnte Selznick immerhin den erfolgreichsten Film aller Zeiten für sich verbuchen, jenes Werk, das zum Inbegriff von Hollywood wurde und seinem Produzenten Gelegenheit gab, all seine Wünsche in eine technicolorbunte Wirklichkeit umzusetzen: *Gone With the Wind*. In Atlanta hatte die Hausfrau und ehemalige Journalistin Margaret Mitchell eher zum Spaß ein tausendseitiges Manuskript zusammengeschrieben, in das alles einfloß, was ihr von der Großelterngeneration über den Bürgerkrieg überliefert worden war. Es sollte eine Art »Krieg und Frieden« für Amerika werden, und es sollte von dem wildesten Miststück handeln,

*John Ford on location*

das die Welt vor Joan Collins gesehen hatte. Scarlett O'Hara war die Frau, die Margaret Mitchell und all ihre Millionen Leserinnen gern gewesen wären: schön, klug, berechnend, erfolgreich, aber auch ein wenig anlehnungsbedürftig. Scarlett war die Frau von heute, die ihren Charme und ihre Reize einsetzte und deshalb nicht mehr als Hure verschrien war, sondern als selbstbewußte Frau galt. Miß Mitchell setzte ihrer Geschichte noch eins drauf, indem sie Scarlett in unerfüllter Liebe zu Ashley schmachten läßt, während sie doch viel besser bei Rhett Butler aufgehoben wäre, dem manchmal rauhbeinigen, im Grunde seines Herzens aber galanten und großmütigen Abenteurer.

Daß die beiden trotz einer stürmischen Ehe nicht zueinander

*›Große Lüge Lylah Clare‹*

*Linda Darnell in ›Enttäuschte Mädchen‹*

finden und sich in Mißverständnissen trennen, das ist die größte Tragödie dieses Jahrhunderts.

Selznick biß nur zögerlich an, als ihm seine New Yorker Agentin die Rechte an dem Buch anbot. Sie selber war von dem Roman hingerissen: »Es ist das Berauschendste, was ich je gelesen habe.« Während Selznick vorläufig ablehnte, weil ihn die zu erwartenden Kosten abschreckten, hatten Schauspielerinnen wie Katherine Hepburn bereits das ganze Buch gelesen (es war eben erst herausgekommen) und bestürmten ihre Bosse, den Stoff für sie einzukaufen. Als die Konkurrenz ihm zuvorzukommen drohte, erwarb Selznick schließlich die Rechte für 50.000 Dollar.

Im Urlaub las er zum ersten Mal das vollständige Buch, war

natürlich begeistert, aber zugleich auch entsetzt von seinem eigenen Wagemut, sich auf ein solches Unternehmen einzulassen. Währenddessen wurden pro Tag 3700 Exemplare des Buches verkauft; es wurde zum bis dahin größten Erfolg auf dem Buchmarkt. Die Leser überschütteten Selznick unaufgefordert mit Vorschlägen, wer Rhett Butler und wer Scarlett spielen sollte, aber er hatte nicht einmal einen Drehbuchautor, der aus dem Handlungsgestrüpp einen verfilmbaren Stoff herstellen konnte. Als erster wurde Sidney Howard damit betraut, später sollten noch Oliver Garrett, Ben Hecht, John Van Druten und F. Scott Fitzgerald Hand anlegen.

Während George Cukor, der als Regisseur vorgesehen war, in den alten Süden reiste, um sich von Margaret Mitchell die Orte ihrer Kindheit zeigen zu lassen, die sie zu dem Roman inspiriert hatten, waren Selznicks Assistenten damit beschäftigt, im ganzen Land nach Darstellern zu fahnden; allein in Atlanta sprachen an einem Tag 500 Leute vor.

In Hollywood hatte man inzwischen andere Sorgen. Offensichtlich würde *Gone With The Wind* außerordentlich teuer werden und mehr als den gesamten Jahresetat der Firma verbrauchen. Allein für die über zwölf Jahre sich verändernden Kostüme der Damen mußten Zehntausende von Dollar veranschlagt werden. Neben den beiden Hauptschauplätzen Tara und Atlanta galt es, den Bürgerkrieg, jedenfalls soweit er die Hauptstadt von Georgia berührt, physisch nacherlebbar zu machen. Dutzende von Figuren waren einzuführen und in die Geschichte zu integrieren.

Der Kostümbildner folgte Cukors Spuren und suchte im Süden Stoffe zusammen, die er in Los Angeles neu weben lassen könnte. Andere begutachteten die Vorkriegsarchitektur im Süden. Mittlerweile stellte sich die Mehrheit der Leser und Briefeschreiber Clark Gable als Rhett vor, an den angeblich Margaret Mitchell bereits gedacht hatte, als sie das Buch schrieb. Gable hätte er zu harten Bedingungen von MGM ausleihen müssen, deshalb dachte Selznick auch über den Einsatz von Gary Cooper nach: »Sie waren die beiden bedeutendsten Symbolfiguren ihrer Zeit; jeder hatte seine spezifische Wirkung. Clark verkörperte Sex und besaß zudem eine ganz starke männliche Ausstrahlung, während Gary das Symbol Amerikas war. Das Außergewöhnliche an beiden war, daß Männer sie genauso mochten wie Frauen, so daß die männlichen Kinobesucher den weiblichen nicht verübelten, wenn sie sich in die Leinwandidole verliebten.«

*Louis B. Mayer*

Schließlich klappte es mit Gary Cooper doch nicht, und so war Selznick gezwungen, Gable im Tausch gegen eineinhalb Millionen Dollar Kostenbeteiligung und die Hälfte des Reinerlöses von MGM auszuleihen; die Firma seines Schwiegervaters durfte den Film auch vertreiben.
Selznick hatte mittlerweile 50.000 Dollar in die Suche nach seiner Scarlett O'Hara investiert, aber nicht das unbekannte Gesicht gefunden, das er sich vorstellte. Als er versuchsweise der Öffentlichkeit Irving Thalbergs Witwe Norma Shearer als Clark Gables Partnerin vorstellte, war die Entrüstung groß. Also zog sich Selznick wieder zurück und widmete sich neuerlich dem Drehbuch. Obwohl er weiter mit anderen Fil-

*Regisseur Elia Kazan und Robert Mitchum in ›Der letzte Tycoon‹*

*›Stadt der Illusionen‹*

men beschäftigt war, diskutierte er täglich fünf Sunden mit Sidney Howard über das Drehbuch. Zu seiner eigenen Unterstützung hatte er William Cameron Menzies, der die Bild- und Farbkoordination des Films übernehmen sollte, aufgefordert, das bisher vorliegende Drehbuch zur Gänze in Skizzen darzustellen, aus denen sich bereits das jeweilige Bild ergeben sollte.
»Es wäre furchtbar«, schrieb Selznick in einem seiner Memos, »wenn wir zu Beginn der Dreharbeiten weder eine Scarlett noch eine Melanie noch einen Ashley gefunden hätten und auf Leute zurückgreifen müßten, die in Highschools oder Gott weiß wo aufgegabelt wurden« – aber genauso kam es; eine Scarlett war nirgends in Sicht.
George Cukor hatte inzwischen Probeaufnahmen gemacht, darunter mit Jean Arthur, Paulette Goddard (Chaplins neuer

Freundin), der Südstaatlerin Tallulah Bankhead, Lana Turner, Joan Bennett, Susan Hayward. Weitere Damen, die wenigstens vorübergehend im Gespräch waren oder sich dezent einbrachten, waren Bette Davis, Carol Lombard, Irene Dunne, Claudette Colbert, Margaret Sullivan und Joan Crawford. Immerhin war die Sache mit Clark Gable mittlerweile klar: Er erhielt einen einmaligen Bonus von 50.000 Dollar und für jede Drehwoche 4.500 Dollar. Damit konnte er leben, obwohl er von sich sagte, »ich war offenbar der einzige, der es nicht als selbstverständlich betrachtete, daß ich die Rolle spielen würde. Der Rhett war einfach eine Nummer zu groß – ich wollte die Rolle nicht.«

Noch immer gab es kein fertiges Drehbuch. Nachdem Howard vor dem bereits einen ganzen Schrank füllenden Material resigniert hatte, fuhr Selznick mit dem Dramatiker Oliver Garrett in den Urlaub und überarbeitete neuerlich alles – ohne Ergebnis.

Dennoch mußte jetzt endlich mit den Dreharbeiten begonnen werden. Ray Klune hatte die brillante Idee, die alten und inzwischen störenden Bauten von *King Kong* abzubrennen und mit ein paar vorgesetzten Kulissen als das brennende Atlanta auszugeben, aus dem Rhett und Scarlett fliehen. Selznick war wieder einmal skeptisch, ließ Klune aber dann doch machen. Das Gelände wurde abgeriegelt, die Feuerwehr bestellt und der Scheiterhaufen durch ein feines Röhrensystem mit Wasser- und Kerosinleitungen durchzogen, um die Aufnahmen notfalls unterbrechen zu können. Alles in allem blieb dem Team gerade eine Stunde, um alle Szenen vor dem brennenden Hintergrund zu filmen. Deshalb wurden sämtliche sieben verfügbaren Technicolorkameras auf Samstag, den 10. Dezember 1938, bestellt; mit jeweils unterschiedlichen Objektiven sollten, nach intensiven Proben an einem Modell, die feurigen Szenen mit Doubles gedreht werden.

Selznick fieberte ängstlich und aufgeregt zugleich diesem spektakulären Beginn der Dreharbeiten entgegen und hatte dafür über 100 Freunde eingeladen. Zunächst verzögerte sich der Beginn, weil Myron Selznick, Davids älterer Bruder, der als Agent tätig war, noch nicht eingetroffen war. Myron kam verspätet und brachte zwei Leute mit, einen Mann und eine Frau. Die Frau stellte er seinem Bruder mit den Worten vor: »Hier ist deine Scarlett.« Zwar war Selznick zunächst nicht gerade übermäßig beeindruckt von Vivien Leigh, der Freundin Lawrence Oliviers, der mit ihr gekommen war, aber in der Rückschau hat er aus dieser ersten Begegnung eine große Kinoszene gestaltet: »Als mein Bruder sie mir vorstellte, ließen die ersterbenden Flammen ihr Gesicht hell aufleuchten. Auf den ersten Blick wußte ich, daß sie die Richtige war – zumindest, was Ihr Äußeres anging und wie ich mir Scarlett

*»Das« Hollywood-Restaurant der dreißiger Jahre*

O'Hara vorstellte. Ich werde diesen ersten Eindruck nie vergessen.«
Die Probeaufnahmen verliefen erfolgreich, und Selznick hatte endlich seinen Star: eine in Amerika noch völlig unbekannte englische Bühnenschauspielerin, die vor Ehrgeiz nur so überquoll und sich deshalb auch bereitwillig ihren britischen Akzent abgewöhnte, um die Puristen in den Südstaaten nicht zu verärgern. Anfang Januar wurde gleichzeitig bekanntgegeben, daß Leslie Howard Ashley sein würde und Olivia de Havilland Melanie. Damit war, bis auf das unförmige Drehbuch, das Schlimmste erst einmal vom Tisch.
Als am Morgen des 26. Januar 1939 die Schauspielerin Mary Anderson die Flagge der Konföderierten hißte, nahm Selznicks größtes Abenteuer seinen Lauf. Er selber hatte es wieder einmal mit der Angst bekommen, ob es denn wirklich gutgehen könne, wenn er Millionen in einen Historienfilm steckte, der nach seiner Fertigstellung vielleicht vom Publikum als zu altmodisch abgelehnt würde. Am Ende des ersten Drehtages, den alle aus lauter Nervosität weitgehend verpatzten, waren von den 692 geplanten Szenen gerade eineinhalb abgedreht.
Der Regisseur George Cukor war berühmt für sein Einfühlungsvermögen, mit dem er vor allem Frauen herausbrachte. Selznick hingegen wurde fast rasend, wenn er mitansehen mußte, mit welcher Geduld Cukor immer wieder probierte und neu drehte und die Szene allenfalls um Nuancen veränderte. Schließlich war das sein Film, ein Selznick-Film, für den er das Tempo angab und nicht etwa ein bezahlter Regisseur! Vorläufig war Selznick gegen seinen Freund allerdings in einer schwachen Position, weil er ihm nicht einmal ein fertiges Drehbuch bieten konnte, das dieser in der gebotenen Eile hätte vom Blatt verfilmen können.
Erst am 31. Januar wurde Clark Gable gebraucht, bis dahin hatte die erst langsam zu ihrer Vollform auflaufende Vivien Leigh die Szene beherrscht. Selznick witterte neue Schwierigkeiten: »Clark war nervös wegen der gigantischen Werbekampagne und hatte seine Zweifel, ob er den Erwartungen entsprechen könnte. Außerdem meinte er, ich wolle ihn nur

*Gene Kelly und seine Mädels in ›Les Girls‹*

als Vehikel benutzen, um einen neuen weiblichen Star herauszubringen, und würde den Film ganz auf die Leigh abstellen. Ich sicherte ihm zu, diese Sache ganz nach seinen Wünschen in Ordnung zu bringen, falls er nach Beendigung der Dreharbeiten noch immer dieser Ansicht sein sollte. Das beruhigte ihn, und er ging an die Arbeit.«
Clark Gable sollte seinen Teil dazu beitragen, daß *Gone With the Wind* wenigstens vier Regisseure benötigte, bevor er fer-

*Der Eingang ins Paradies*

tig wurde. George Cukor hatte das Vertrauen von Olivia de Havilland und Vivien Leigh gewonnen, denen er das Gefühl zu geben verstand, daß er sich in ihre Rollen einarbeitete, als hätte er sie selbst zu spielen. Selznick hatte von Anfang an seine Probleme mit Cukors Stil gehabt: Cukor benahm sich, als hätte er eine Seelentragödie zu verfilmen und nicht ein großes episches Werk, in dem es nicht um die Kammertöne, sondern, in den Augen von Selznick, um den Atem der Ge-

schichte, um Amerika ging. Für die beiden konnte es keinen Kompromiß geben.
Nach dem Bericht einer Augenzeugin verliefen die Auseinandersetzungen um die künstlerische Leitung etwa so: »George Cukor kam mehr und mehr zu der Überzeugung, daß der Haken beim Drehbuch lag, deshalb erklärte er David Selznick, ohne ein besseres Drehbuch würde er nicht weiterarbeiten, und er verlangte das von Howard. David erwiderte, George sei Regisseur, nicht Autor, und er, David, sei der Produzent und befinde über die Qualität eines Drehbuchs. George entgegnete, er sei Regisseur, und zwar ein verdammt guter, und er würde seinen Namen nicht durch einen lausigen Film ruinieren lassen, und wenn sie nicht zu dem Drehbuch von Howard zurückkehrten, habe er, George, es satt. Und der dickköpfige David sagte: ›Okay, steig aus.‹«
Ob es sich nun so verhielt oder nicht, jedenfalls war George Cukor nicht mehr zu halten. Dafür sorgte schon Clark Gable,

*Ein Star wird entthront: ›Meine liebe Rabenmutter‹*

dem sowohl die Lust wie die Begabung fehlten, auf Cukors Anweisungen entsprechend zu reagieren. Gable war an Kerle gewöhnt, die ihm sagten, wie er den Kopf zu halten und welchen Fuß er als ersten auf die Erde zu setzen hatte. Cukor erschien ihm effeminiert in seinem Beharren auf Psychologie, auf dem, was die Figuren zueinanderbringt und auseinandertreibt. Später gab es auch Gerüchte, daß Cukor Gable deshalb so unsympathisch war, weil der Regisseur ein Detail aus Gables Leben wußte, das dieser liebend gern vergessen hätte: Gable hatte in seiner Frühzeit ein Verhältnis mit einem nicht gerade unbekannten Schauspieler. Täglich dieser Peinlichkeit ausgesetzt zu sein, war für den männlichen Gable einfach zuviel.

Das Mißbehagen erreichte seinen Höhepunkt, als Cukor seinen Hauptdarsteller aufforderte, heiße Tränen zu vergießen, weil seine Filmtochter vom Pferd gestürzt und an den Folgen gestorben war. Gable haßte Cukor dafür, daß er ihm dieses »unmännliche« Weinen abverlangt hatte. Er berief sich deshalb auf eine Klausel in seinem Vertrag, in dem es hieß, daß MGM keinerlei Haftung übernähme, »falls der Künstler sich zu spielen weigert«. Um die Dreharbeiten nicht gleich von Anfang an zu belasten, gab Selznick dem Druck des populären Stars nach und entließ seinen Freund aus dem Vertrag.

Mittlerweile mußte selbst ihm klar sein, daß es ohne brauchbares Drehbuch nicht weitergehen konnte. Er erinnerte sich seines New Yorker Freundes Ben Hecht, dem der Ruf vorauseilte, daß er noch jeden Film vor der Katastrophe bewahrt hätte, bei dem er am Drehbuch feilte. Eile war inzwischen höchstes Gebot, denn jeder verlorene Drehtag verschlang nicht weniger als 65.000 Dollar.

Auf Empfehlung Gables warb Selznick den anfänglich widerstrebenden Regisseur Victor Fleming an, damit der den Karren aus dem Dreck ziehen helfe. Fleming hatte das Buch nie gelesen, und so blieb es wieder einmal Selznick überlassen, ihm einen Begriff davon zu vermitteln, wie das Schlachtengemälde auszusehen hätte. Anschließend suchten sie gemeinsam Ben Hecht auf.

Hecht saß gerade beim Frühstück, als die beiden hereinplatz-

*Die berühmten Schuh- und Handabdrücke im Hof von Grauman's Chinese Theater am Hollywood Boulevard*

ten: »Sie wußten, daß ich immer zeitig frühstückte, und erzählten mir von ihrem Plan, mich von MGM auszuleihen und *Gone With the Wind* schreiben zu lassen. Ich stand kurz vor der Abreise nach New York und wollte mit der ganzen Sache nichts zu tun haben, was ich David auch sagte. Beim Kaffee

feilschten wir hin und her, und er bot mir 10.000 Dollar für zwei Wochen Arbeit, so daß ich dachte: ›Na schön, ich riskier's.‹ Ich hatte das Buch nicht gelesen, diese Art von Bücher las ich nie, und auf dem Weg ins Studio beschimpfte mich David als dämlichen Profitjäger – ich sei nicht würdig, mich als Schriftsteller zu bezeichnen. Im Studio trafen wir John Van Druten, der gute Theaterstücke, aber weniger gute Filme schrieb. Er wollte mit uns arbeiten, deshalb fragte ich ihn, ob er das Buch gelesen habe. Er antwortete ›Ja‹ mit seinem typischen britischen Akzent.
Mir fehlte die Zeit, das ganze Buch zu lesen, deshalb beschloß David, mir die Geschichte von A bis Z zu erzählen – wobei ich ihm nicht folgen konnte; es schien mir das zu sein, was wir in Chicago Lebensbeichte einer Prostituierten zu nennen pflegten – genauso lang und witzlos. Natürlich hatte ich keine Ahnung von den verschiedenen Personen, und da beschlossen David und Victor, mir wegen der Zeitersparnis sämtliche Hauptrollen vorzuspielen – David mimte Scarlett und jemanden namens Ashley, und Victor produzierte sich als Butler und eine gewisse Melanie. Es war sehr komisch, aber es dauerte bis zwei Uhr morgens, und nach einer Weile verlor die Sache ihren Reiz. Sie sprachen über eine Szene, spielten sie dann vor, und ich brachte sie danach zu Papier. Ich war so schlau, David dabei miteinzubeziehen, was Beanstandungen und Umschreibungen verhindern würde, und während ihr Schauspielseminar weiterging, legte ich mich ein bißchen auf die Couch. David schlief überhaupt nicht – er war der Wegbereiter für Weckamine in Hollywood und bekam Spritzen zum Wachbleiben. Außerdem hielt er gerade Diät, daher hatten wir nur Bananen und Erdnüsse zu essen, während dieser ganze Blödsinn ablief.«
Nach zwei Wochen waren Selznick, Fleming und Hecht am Ende, hatten aber auch endlich ein brauchbares Skript. Mit dem gewohnten Elan übernahm Fleming die Dreharbeiten, so daß eine Zeitlang alles blendend lief. Dann machte wieder einer Schwierigkeiten, und es war natürlich Selznick persönlich. »Er schuftete wie ein Wilder«, erinnert sich ein Mitarbeiter, »aber er war alles andere als systematisch. Es fiel ihm

außerordentlich schwer, seine Zeit richtig einzuteilen, und so kam er nie wirklich zu den Dingen, um die er sich hätte kümmern müssen.« Selznick begann wieder am Drehbuch herumzubasteln, wollte dem zweiten Teil nach der Rückkehr nach Tara mehr Gewicht geben und feuerte den Kameramann Lee Garmes, weil er mit dessen Farbgebung nicht einverstanden war.

*Vivien Leigh nimmt den Oscar in Empfang*

Langsam entwickelte sich Selznick zu dem Maniker, als der er in die Filmgeschichte eingegangen ist. Er war durchaus fähig, seine Mitarbeiter morgens um drei aus dem Bett zu klingeln und sie zu fragen, was in ein paar Stunden gedreht werden sollte. Wenn die auf den Drehplan verwiesen, hatte Selznick bereits einen Änderungsvorschlag parat – und natürlich war das jeweils ein Befehl. Noch vor Beginn der Massensze-

*Niemand bekam so viele Oscars wie die Kostümbildnerin Edith Head*

*Clark Gable und Vivian Leigh*

nen wurde überdeutlich, daß mit dem veranschlagten Budget nicht auszukommen war. Selznick mußte ein weiteres Mal betteln gehen, um noch eine Million beizubringen. Die große Flucht aus Atlanta konnte also gedreht werden.
Selznick lebte in diesen Monaten von Schilddrüsenpräparaten und Benzedrin, aber nicht er geriet in Gefahr, sondern Victor Fleming, der sichtlich überarbeitet war. Eines Nachts verließ Gable den Set, und als Fleming mit Vivien Leigh, Olivia de Havilland und Ona Munson die Belle-Watling-Episode drehen wollte, schmiß er alles hin, weil Vivien Leigh erst einmal über ihre Rolle diskutieren wollte. Mit soviel Widerborstigkeit wollte er nichts zu tun haben.
Selznick engagierte in aller Eile Sam Wood, der mit Unter-

stützung von William Cameron Menzies, dem Bildgestalter des ganzen Films, weiterarbeiten sollte. Zwei Wochen schmollte Fleming, dann nahm er die von Gable, Leigh und Selznick dargebrachten Entschuldigungen an und kehrte zum Drehort zurück. Gable erklärte sich sogar bereit, in der bewußten Szene zu weinen. Nachdem Selznick in der Nacht zuvor die Szene geschrieben hatte, drehte Fleming schließlich am 27. Juni Rhett Butlers Abschied von Scarlett. In einem Anfall von Genialität hatte Selznick seinem Helden den berühmten letzten Satz eingegeben: »Frankly, my dear, I don't give a damn.« Ronald Reagan, der wie Hunderte anderer ähnlich begabter Schauspieler später behaupten sollte, auch ihm wäre die Rolle des Rhett Butler angetragen worden, erklärte auf der Bühne des Weißen Hauses, daß ihm dieses Abschiedswort zu vulgär sei. Er hätte sich statt dessen mit einem »I don't care« begnügt. Soviel zum Unterschied zwischen Kunst und Wirklichkeit.

Selbst wenn jetzt die eigentlichen Dreharbeiten abgeschlossen waren, der Film war damit noch lange nicht fertig. Unter der Oberaufsicht Selznicks wurde wochenlang geschnitten, gekürzt, geklebt und neu montiert, dann kam Max Steiner mit seiner elefantösen Musik zu seinem Recht, für den Vorspann mußten Bilder gefunden werden und so weiter.

Anfang September war eine vorläufige Fassung von vier Stunden und 25 Minuten fertig, die Selznick einem ahnungslosen Publikum als Preview anbot. Hal Kern, der neben James Newcom für den Schnitt verantwortlich war, erinnert sich an die Vorführung: »Als der reguläre Film zu Ende war, stellte sich der Geschäftsführer vorn hin und teilte den Zuschauern mit, daß jetzt eine nicht angekündigte Preview stattfinde, es handle sich dabei um einen der größten Filme des Jahres. Dann wurde es dunkel, und ich saß neben David und Mrs. Selznick; als sich der Vorhang öffnete und Margaret Mitchells Name auf der Leinwand erschien, herrschte eine Sekunde lang atemloses Schweigen, und dann begann das Publikum zu klatschen, und als dann der Titel kam und über die Leinwand fegte, na ja, so etwas habe ich in meinem Leben nie wieder gehört. Die Leute standen auf und jubelten und schrien. Ich hatte die Tonsteuerung neben mir und mußte sie voll aufdrehen, damit man die Musik hören konnte. Mrs. Selznick und Jock Whitney begannen wie kleine Kinder zu weinen, David genauso wie ich auch. Eine solche Begeisterung, einfach unglaublich, diese brausende Ovation, und

*Ronald »I don't care« Reagan*

sie wollten einfach überhaupt nicht mehr aufhören. Heute noch läuft es mir über den Rücken, wenn ich daran denke.« Die Ausgabe von 4.085.790 Dollar schien sich also gelohnt zu haben. Die Uraufführung fand, wie sich das gehörte, in Atlanta statt, Margaret Mitchell war wieder dabei, und neben Selznick selbst waren Gable und Leigh eingeflogen worden. Selznick war dem Zusammenbruch nahe: »Mittags denke ich, der Film ist göttlich, um Mitternacht denke ich dann, er ist der letzte Dreck. Manchmal halte ich ihn für den größten Film aller Zeiten. Aber wenn es einfach nur ein großer Film ist, bin ich es auch zufrieden.« Vier Tage vor dem Jahresende fand in Los Angeles die Premiere statt, die Voraussetzung war, daß *Gone With the Wind* für die Oscar-Auszeichnung berücksichtigt werden konnte.

*Galaabend vor Grauman's Chinese Theater*

*Oscar-Nacht*

Die Verleihung am 29. Februar 1940 trug dem inzwischen ins Riesenhafte gewachsenen Rummel noch zusätzlich Rechnung: je ein Oscar ging an Vivien Leigh (beste Hauptdarstellerin), Hattie McDaniel (beste Nebendarstellerin), Selznick (für den besten Film), Sidney Howard (bestes Drehbuch), Victor Fleming (beste Regie); außerdem erhielt William Cameron Menzies einen Spezialpreis.
Bis Ende Mai hatte *Gone With the Wind* bereits 20 Millionen Dollar eingespielt, war also schon nach fünf Monaten der erfolgreichste Film aller Zeiten und der ist er bis heute geblieben – jedenfalls wenn man die Einspielziffern auf die Zuschauer bezieht und die steigenden Kinopreise miteinrechnet. Bei jedem Neueinsatz schwemmte der Film wieder Millionen in die MGM-Kassen, denn Selznick hatte seine Anteile daran bereits 1941 verkauft. 1976 wurde *Gone With the Wind* an zwei Abenden zum ersten Mal im amerikanischen

Fernsehen gezeigt, und zwar an dem Wochenende vor der Präsidentschaftswahl, in der Gerald Ford und Jimmy Carter gegeneinander angetreten waren. Mit Jimmy Carter, dem Farmer aus Georgia, wurde zum ersten Mal seit dem Bürgerkrieg ein Mann der Südstaaten zum amerikanischen Präsidenten gewählt. Über den Einfluß, den die Bilder aus dem alten Süden auf die Stimmung der Wähler hatten, läßt sich nur spekulieren. Fest steht jedenfalls, daß Hollywood davor und danach niemals wieder einen so aufwendigen Kostümfilm inszeniert hat, der mit solcher Detailbesessenheit und Leidenschaft die glorreiche Vergangenheit des amerikanischen Volkes beschwört. Zugleich zeigte sich Hollywood hier von seiner prächtigsten Seite, zeigte, zu was man fähig war, was man an Menschen und Material aufbieten konnte, um dem Zuschauer, der sich eben erst von der Depression erholt hatte, für sein Eintrittsgeld etwas zu bieten, das er so schnell nicht vergessen würde.

*Gone With the Wind* ist weniger das Werk seiner Regisseure oder seiner Drehbuchautoren, sondern die Palme gebührt allein David O. Selznick. Der verhinderte Schriftsteller verfügte nicht gerade über den erlesensten Geschmack, aber er war von einem Traum gepeinigt, den er mit allen Mitteln verwirklichen mußte. Vermutlich hätte ein Drehbuchautor wie Ben Hecht, wenn man ihn allein mit der Aufgabe betraut hätte, wenn man ihm genug Zeit gelassen hätte, eine perfektere Story abgeliefert. Vermutlich hätte George Cukor, hätte Victor Fleming, allein auf sich gestellt, einen klareren Film gedreht. Doch was aus dem eher banalen und wildwuchernden Stoff einen großartigen Film machte, das war allein der Wahn Selznicks, alles selber bestimmen zu können und es den großen Studios einmal zu zeigen.

Er war kein absoluter Neuling in dem Geschäft, hatten doch bereits sein Vater und sein Bruder die widersprüchlichsten Erfahrungen sammeln können. Aber Selznick war trotz seiner Zeit bei MGM und Paramount ein Außenseiter, der nie über die finanzielle Decke seiner Konkurrenten verfügte. Er setzte für seinen Traum sein ganzes Kapital, natürlich auch sein ganzes Ansehen aufs Spiel, und als er gewonnen hatte,

als er meinte, für seinen Wagemut genügend Lob eingeheimst zu haben, verkaufte er seinen Anteil an *Gone With the Wind* und begann ein neues Abenteuer.
Selznick ruinierte seine Gesundheit für diesen Triumph, aber er war auch der erste, der das potentielle Publikum von Anfang an in die Planung und Produktion seines Meisterwerks miteinbezog. Die zukünftigen Zuschauer wurden auf dem laufenden gehalten über die Suche nach der Hauptdarstellerin, sie erfuhren alles über den Aufwand, den das Studio trieb, um noch schönere und noch gewaltigere Szenen drehen zu können, sie wußten über bald jedes Detail der Produktion Bescheid, so daß die Mythologie um den Film bereits kreiert war, bevor auch nur ein Filmmeter belichtet war, geschweige denn, daß jemand den fertigen Film gesehen hätte. So konnte *Gone With the Wind* zur schönsten amerikanischen Tragödie werden, zu einer technicolorgrellen Geschichte Amerikas, das sich damit eine Vergangenheit geschaffen hatte, die mit der Gegenwart nimmermehr einzulösen war. Außer vielleicht im Kino. Und Selznick arbeitete weiter daran. Aus England hatte er sich den dort hochgelobten Regisseur Alfred Hitchcock kommen lassen, der ihm nach einem Stoff von Daphne du Maurier eine ähnlich aufwendige Ehegeschichte drehen sollte: *Rebecca.*
Die beiden Großmeister überwarfen sich beinahe auf der Stelle, denn wieder einmal unterstand sich ein Regisseur, seinem Produzenten ins Drehbuch hineinreden zu wollen. Aber auch *Rebecca* wurde ein großer Erfolg, so daß Selznick sich schließlich Gedanken um seine Zukunft machen mußte. Einmal war das Finanzamt hinter seinen phantastischen Gewinnen her, zum anderen hatte ihn der Erfolg wirklich übersättigt. Der permanente Druck der letzten Jahre hatte ihn seiner Frau entfremdet, für die er in der von ihm entdeckten Jennifer Jones (die anfangs noch Pyllis Isley Walker hieß) einen schönen Ersatz fand. Als seinen Kriegsbeitrag drehte Selznick *Since You Went Away,* bedeutender war aber zweifellos Hitchcocks *Spellbound,* der seinen Star Ingrid Bergman nach *Casablanca* und *For Whom the Bell Tolls* wieder in einer völlig neuen Rolle zeigte.

*Aus England importiert: Alfred Hitchcock*

Schließlich aber besann sich Selznick auf seinen Ruf als größter Verschwender und Kolossalmaler und plante mit *Duel in the Sun* einen Western, wie ihn die Welt noch nicht geschaut hatte. Dafür inszenierte er eine noch nie dagewesene Werbekampagne, heuerte die berühmtesten Stars an, schrieb selbst das Drehbuch, ließ Orson Welles den Prolog sprechen und gab wieder einmal sein ganzes Geld aus, um als der größte Selbstherrscher Hollywoods dazustehen. Er präsentierte seine Geliebte Jennifer Jones als das gefährlichste Bündel Leidenschaft, das je in einem Film zu sehen war, und bekam prompt Schwierigkeiten mit der Zensur: Pearl Chavez zeigt

zu deutlich ihre Hörigkeit, und Lewt nutzt das eindeutig aus. Ihr gemeinsamer Liebestod (nachdem sie vorher in einer ähnlichen Szene leidenschaftlich übereinander hergefallen waren) war für die Moralwächter das Aabscheulichste, was sie je hatten mitansehen müssen. Vielleicht war *Duel in the Sun* auch nur einfach kitschig in seinem Drang nach Superlativen, er ist aber jedenfalls ein ähnlich manisches Beispiel für die Übertreibungskunst Selznicks, wie es sechs Jahre zuvor *Gone With the Wind* gewesen war.
Nach diesem letzten Kraftakt gelang Selznick nichts Großes mehr. 1949 war er gezwungen, sein Studio zu verkaufen. Er verließ Amerika und ging mit der frisch angetrauten Jennifer Jones nach Europa, wo er noch *A Farewell to Arms* drehte. Als er wieder nach Amerika zurückkehrte, hatte sich alles

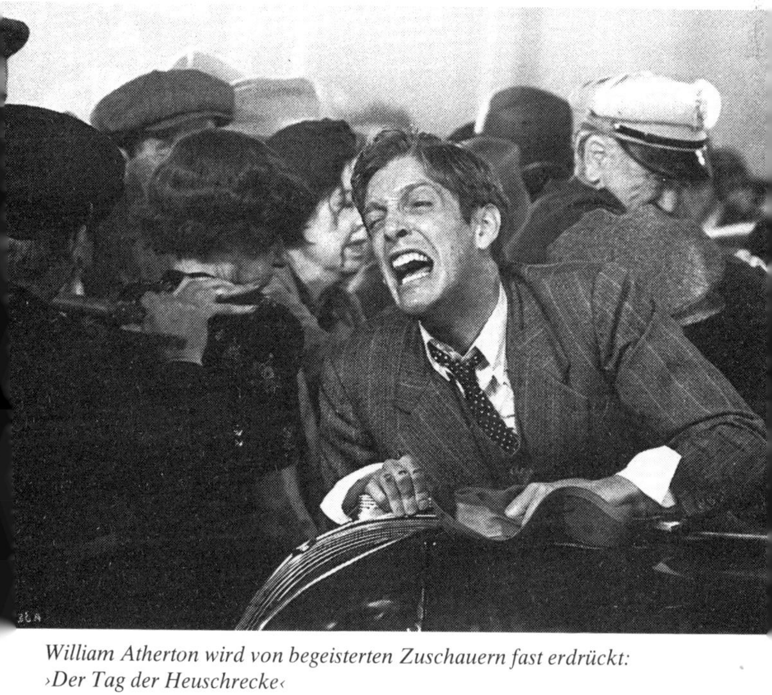

*William Atherton wird von begeisterten Zuschauern fast erdrückt: ›Der Tag der Heuschrecke‹*

*Irving Thalberg, seine Frau Norma Shearer und Louis B. Mayer*

verändert. Es gab inzwischen das Fernsehen, aber kaum mehr einen von den alten Tycoons, die wie er selbst die Macht und zugleich die kreative Potenz Hollywoods verkörpert hätten. Über Mittelsmänner regierten die Banken in die Studios hinein. Selznick, ein Mann der alten Schule, der auch

an den Banken gescheitert war, hatte hier nichts mehr zu suchen. Und so starb er 1965 im Alter von erst 63 Jahren.
»Denn der Tod ist der Sünde Sold«, sagt Paulus. Selznicks Sünde bestand darin, daß er wenn nicht die Götter, so doch die gottgleichen Moguln Hollywoods mit seinen hemdsärmligen Methoden herausgefordert hatte. Er hatte keine eigentliche Begabung für irgendeinen Aspekt des Filmemachens, aber er wußte, daß er Filme drehen und viel Geld damit verdienen wollte. Also klotzte er Stein auf Stein, Star auf Star, Film auf Film, um mit riesigem Aufwand und dem restlosen Einsatz von Leib und Seele durchzusetzen und zu erzwingen, was ihm keiner gegönnt hatte.
Selznick hat das verwirklicht, was sein Freund Irving Thalberg, der sich nie aus dem Schatten Louis Mayers herauswagte (obwohl er Selznick Geld lieh für dessen eigene Firma), nicht erreicht hat. Ihm fehlte zwar die künstlerische Begabung Thalbergs, der sichere Instinkt für den qualitativ hochstehenden Erfolgsfilm, aber er konnte das durch seine Energie ausgleichen. Wie sonst kein anderer *war* Selznick Hollywood – ein Hollywood allerdings, das bereits untergegangen war, als sein eigener Abstieg begann.

# Der Mythos

*Here's looking at you, kid.*

*Rick Blaine*

Nichts kommt dem Finale des ansonsten nicht weiter bedeutenden Musicals *Flying Down to Rio* (1933) gleich: Unbeschwert von aller Wahrscheinlichkeit tanzen die Showgirls auf den Tragflächen von Flugzeugen. Natürlich war das eine Trickaufnahme, natürlich war nichts weiter dabei, aber Hollywood hatte sich wieder einmal bewiesen, daß das Unmögliche sehr wohl möglich war. In diesem Fall kamen zum ersten Mal Fred Astaire und Ginger Rogers zusammen, das schönste Tanzpaar, das die Leinwand je gesehen hatte. Die beiden triezten sich durch die nie besonders einfallsreiche Handlung in *Top Hat* (1935), *Swing Time* (1936), *Follow the Fleet* (1936) und *Shall We Dance?* (1937), aber was zählte das neben der Eleganz dieses berauschenden Tänzers, dem jede Alltagssituation Anlaß für Bewegung war? Fred Astaire war nicht von dieser Welt.

*Mit Ginger Rogers in ›Swing Time‹*

*Der doppelte Fred*

Ein anderer, der alle Gesetze der Realität außer Kraft setzte, um der Kunst, der reinen Imagination, zu ihrem Recht zu verhelfen, war der Choreograph Busby Berkeley (1895–1976). Er hatte kein Auge für den einzelnen Tänzer oder für die Beine einer Tänzerin, sondern bei ihm kam es auf die Gruppe an, auf das Ornament, das sich mit seinen Girls bilden ließ. Berkeley wäre im alten Babylon Architekt

*Ginger Rogers und Fred Astaire sind die ›Tänzer vom Broadway‹*

gewesen, am Broadway und später in Hollywood erhielt er Gelegenheit, Menschengruppen nach seinem künstlerischen Willen zu formen, als ginge es um ein Denkmal für die Nachwelt. Doch Berkeley zauberte für die Gegenwart, inszenierte die Vergänglichkeit, den Reiz des Augenblicks. Mit ihm kam Hollywood seinem selbstgestellten Sendungsauftrag viel-

leicht am nächsten: Unterhaltung ohne Rücksicht auf Dauer. Der Zauber mußte jetzt wirken und sofort von einer neuen Sensation überboten werden. Hollywood verschwendete sich für sein Publikum.
Nicht wenige Experten sind der Meinung, daß die Traumfabrik um das Jahr 1939 ihre größte Strahlkraft erreichte. *Gone With the Wind, Rebecca, Stagecoach, Young Mister Lincoln, The Wizard of Oz, His Girl Friday, Citizen Kane:* sie alle entstanden um das Jahr 1939. Roosevelt war seit sechs Jahren Präsident, er hatte auf dem Höhepunkt der Depression sein Amt angetreten und die Krise überwunden. Während Europa auf den Krieg zutrieb, hatte Amerika wieder zu sich selbst gefunden, sich auf die Pioniertugenden besonnen und einen

*›Singin' in the Rain‹*

*Gene Kelly und Debbie Reynolds in ›Singin' in the Rain‹*

neuen Anfang gewagt. Das Kino bestätigte den noch unter dem Schock der Wirtschaftskrise stehenden Zuschauern, daß es zu schaffen war, daß es vor allem eine bessere Welt gab. So half Hollywood mit, das Elend gleichzeitig zu überwinden und von ihm abzulenken.

*Gene Kelly singt im Regen*

Wo MGM mit seinen Musicals die Welt verschönerte, zeigten die Filme der Warner Brothers sie in ihrem ganzen (stilisierten) Realismus. Es war ein einziges Hauen und Stechen um den schnellsten Weg nach oben. Ein Vertragsschauspieler, der bereits in 40 Filmen mitgewirkt hatte, führte mit seinem zerknitterten Gesicht den lebendigen Beweis, wie man sich zwar heldenhaft durchs Leben schlagen kann, aber deshalb noch lange nicht zu den Siegern gehören mußte: Sein Name war Humphrey Bogart.

Bogey hatte die Welt gesehen und wußte genau, wie schlecht sie war. Zu gern hätte er den romantischen Liebhaber gespielt, aber dafür fehlte ihm der Charme eines Cary Grant

*Judy Garland in ›Ein neuer Stern am Himmel‹*

oder die ungebrochene Männlichkeit eines Clark Gable. Er war letztlich nur ein *loser*. Einmal allerdings, als alle Umstände glückhaft für ihn zusammenspielten, als die Zeit, der Ort und die Handlung ihm die Chance dazu gaben, durfte er zu *dem* großen Liebenden der Filmgeschichte werden, der er immer gern gewesen wäre. Als Rick Blaine in *Casablanca* übertraf er alle seine Konkurrenten mit seinem unheroischen

*Bogey*

und fast schon existentialistischen Minimalspiel, und dieser Glücksmoment ereignete sich auch noch an einem Wendepunkt der Weltgeschichte.
Professor Eco hat voller Staunen das Phänomen *Casablanca* analysiert. Für ihn ist »*Casablanca* nicht ein, sondern viele Filme, eine Anthologie. Fast aus Zufall entstanden, ist er vermutlich von selbst geworden, wenn nicht gegen den Willen seiner Autoren, so doch weit darüber. Und deswegen funktioniert er, entgegen aller ästhetischen und cineastischen Theorien. Denn in ihm entfalten sich mit gleichsam tellurischer Kraft die Potenzen des Narrativen im Rohzustand, ohne den disziplinierenden Eingriff der Kunst. Und so können wir es akzeptieren, daß die Personen von einem Moment auf den anderen die Stimmung, die Moral und die Psychologie wechseln, daß die Verschwörer hüsteln, um sich zu unterbrechen, wenn ein Lauscher naht, und daß die munteren Flittchen weinen, wenn sie die Marseillaise hören. Wenn alle Archetypen schamlos hereinbrechen, erreicht man homerische Tiefen. Zwei Klischees sind lächerlich, hundert Klischees sind ergreifend.«
Man kann es auch einfacher formulieren: Zwar wußte Ingrid Bergman bis zum Schluß nicht, wen sie nun eigentlich lieben sollte, Rick Blaine oder Victor Laszlo, aber genau aus dieser Spannung ergab sich die ganz spezielle Chemie dieses erotischen Dreiecks. Rick, der allenfalls matt glänzende Isolationist, und Laszlo, der strahlende, dabei aber auch vor lauter Rechtschaffenheit etwas blaß gewordene Held des Nazi-Widerstands, kämpfen wie Ritter um die edle Frau. Es geht um das jeweilige Glück der drei, es geht aber auch um Amerika.
An einer winzigen Dialogstelle wird darauf hingewiesen, daß die Geschichte im Dezember 1941 spielt, in den Tagen, da Japan Pearl Harbor überfallen und damit Amerika gezwungen hat, in den Zweiten Weltkrieg einzutreten, vor dem es sich so lange gedrückt hatte. In Casablanca, wo sich bald die Vertreter der Alliierten treffen sollten, wird diese Entscheidung stellvertretend erst erwogen und dann mit aller Konsequenz durchgezogen. In Zeiten wie diesen findet auch der heroische Einzelkämpfer eine Aufgabe in der großen Sache.

*Bogart mit Joan Blondell in ›Stand-In‹*

In dem Film *Casablanca* verbindet sich auf rätselhaft vollkommene Weise die realistische Tradition der Warner-Studios mit dem Pathos und der Eleganz, wie sie bei Selznick und MGM gepflegt wurden. Mit geringem Aufwand, unter dem gewaltigen Druck, innerhalb weniger Tage eine vergleichsweise simple Dreiecksgeschichte zu erzählen, entstand *der* Film über die Lage der Nation in kriegsverheerten Zeiten. Jeder bekam das Seine geboten: vergebliche Liebe, Romantik, Politik, Exotik und Schauspielerleistungen bis in die kleinsten Nebenrollen. Peter Lorre wirkte noch ängstlicher als in *The Maltese Falcon,* Sidney Greenstreet erinnerte

*Der Vertragsschauspieler*

an den gleichen Film, Ingrid Bergman kam aus *Intermezzo* herüber, und der Emigrant Michael Curtiz führte lauter Leidensgefährten.

Der größte Zauber ging freilich von Humphrey Bogart aus. Womit, so dachte der Zuschauer die Gedanken Bogeys, womit habe ich diese traumhaft schöne Frau verdient (und er weiß lange nicht, ob es nicht tatsächlich nur ein Traum ist, in dem sie ihm hier in seiner Bar in Casablanca erscheint)?

Nein, er hat sie nicht verdient, selbst wenn sie sich einmal sehr nahe waren, damals in Paris. Aber Paris war etwas anderes. In Paris lebten sie im Glück und deshalb in den Tag hinein. Damals war ihre Liebe beliebig, es hätte die zwischen jedem anderen Paar auch sein können. Er wußte nicht, was er an ihr hatte, sie war ein Flirt. Dann kam der Krieg nach Paris, die Deutschen brachten ihn. »Ich erinnere mich noch an jede Kleinigkeit. Die Deutschen trugen Grau, du Blau.«

Erst mit seiner einsamen Flucht nach Casablanca reifte Rick zum tragischen Helden, zu dem Chevalier, der sich Ilsa verdient hat. Erst jetzt weiß er, wieviel sie ihm bedeutet hat, wofür sie steht. Und weil sie durch die Trennung noch edler und noch schöner geworden ist, weiß er zugleich, daß sie für ihn zuviel ist: So viel Schönheit und so viel Edelmut vertragen sich nicht mit seiner Vorstellung von privater Anarchie. Bei Victor ist sie da am besten aufgehoben: Ein Freiheitskämpfer, der im KZ gesessen und auf einer Odyssee durch Europa Widerstand gegen Hitler geleistet hat, der hier in Marokko im Einzugsbereich von Major Strasser in höchster Lebensgefahr schwebt, entspricht der ätherischen Ilsa weit besser als der vom Verlust seiner Ideale gezeichnete Rick.

Aber Rick reift noch einmal. Er erweist sich als ebenbürtig. Zwar hat er als Zyniker neben Victor Laszlos Idealismus keine Chance, aber Rick entwickelt plötzlich Gefühle, er zeigt sein blutendes Herz, er gibt Fehler zu, und er weint, als er betrunken ist. Das alles wäre von Victor zuviel verlangt. Der ist dafür viel zu steif, zu ehrenhaft, zu sehr seiner Sache verpflichtet. Seine Ideale haben kaum Bodenberührung. Bei ihm kann man sich nicht vorstellen, daß er tatsächlich an Bomben bastelte, die Hitler aus dem Weg räumen würden. Er ist kein Mann der Tat (wie der ehemalige Spanienkämpfer Rick), sondern einer des salbungsvollen Wortes, der schönen Rede, kurz, er ist das Gewissen des Widerstandes, seine hehre Seele.

Rick und Ilsa finden also, auf einem gereifteren, ernsthafteren Niveau diesmal, wieder zusammen. Sie gäben das Paar ab, das sich sonst am Ende eines Films in die Arme fällt und küßt: er – der zupackende, gelegentlich etwas melancholi-

sche Tatmensch, sie – die Schönheit, reine Emotionalität. Mit ihrer Verbindung hätte ein gewöhnlicher Film enden können, und es wäre nicht der schlechteste gewesen.
Doch in der Verwirrung, in dem Chaos, in dem gedreht werden mußte, ergab sich eine ganz andere Lösung, eine Lösung, die *Casablanca* über seinen seit Jahren anerkannten Status als Kultfilm hinaus zum klassischen Ausdruck der Stimmung in der Mitte des 20. Jahrhunderts machte. Rick weiß, was er an Ilsa hätte, aber er weiß auch, daß sie über Liebe hinaus (die sie offensichtlich nur ihm zu schenken in der Lage ist) dem Rivalen die Kraft für seine Arbeit gibt. Ohne sie als seine Stütze könnte Victor nie die Fackel des Widerstands gegen Hitler sein, so daß es in der hier nicht unerwarteten theatralischen Zuspitzung allein von Ricks Bereitschaft zum Verzicht abhängt, ob Hitler besiegt wird oder nicht. Rick gibt Ilsa deshalb frei und entwickelt sich damit zu einem ihr auch darin ebenbürtigen Edelmenschen. Als Sühne für seinen bisher praktizierten Zynismus überläßt er seine große Liebe (die nicht mehr weiß, wie ihr geschieht) dem Konkurrenten, der sie ins freie Amerika entführt, von wo aus er gegen die Nazis kämpfen will. Rick bleiben der Polizeichef Renault und der Beginn einer langen Freundschaft. Gemeinsam geben sie ihren Status (als Isolationist beziehungsweise Opportunist) auf und werden sich zu den freien Franzosen in Brazzaville durchschlagen.
Rick hat inzwischen die Größe eines mythischen Kolosses, hat alles Irdische hinter sich gelassen und wird einer höheren Sache dienen, für die ihm die wiedererwachte Liebe zu Ilsa die Augen geöffnet hat. Mit dem Verzicht auf Ilsa ist er zwar wieder zum *loser* geworden, aber dafür hat er etwas anderes gefunden, das ebenso schön und edel ist wie Ilsa. Seine Entscheidung ist nicht eigentlich nachvollziehbar, sie ist für den gewöhnlichen Sterblichen zu heroisch, um wahr zu sein. Im Sinne der höheren Wahrheit aber, wie sie im Kino und nur dort verkündet wird, liefert Rick hier ein Vorbild, dem nachzueifern ist. Er gibt eine überlebensgroße Vorstellung von dem, wie es im Leben zugehen könnte, und bringt damit die ganze Existenz auf einen romantischen Punkt.

*Bogart und Bergman*

Der Kitsch des *happy ending*, das hatte schon *Gone With the Wind* gezeigt, ist nicht mehr zeitgemäß. Zutreffender und letztlich auch wirkungsvoller ist der unentschiedene Schluß, die Trennung, die irgendwo noch die Hoffnung auf ein Wiedersehen offen läßt.

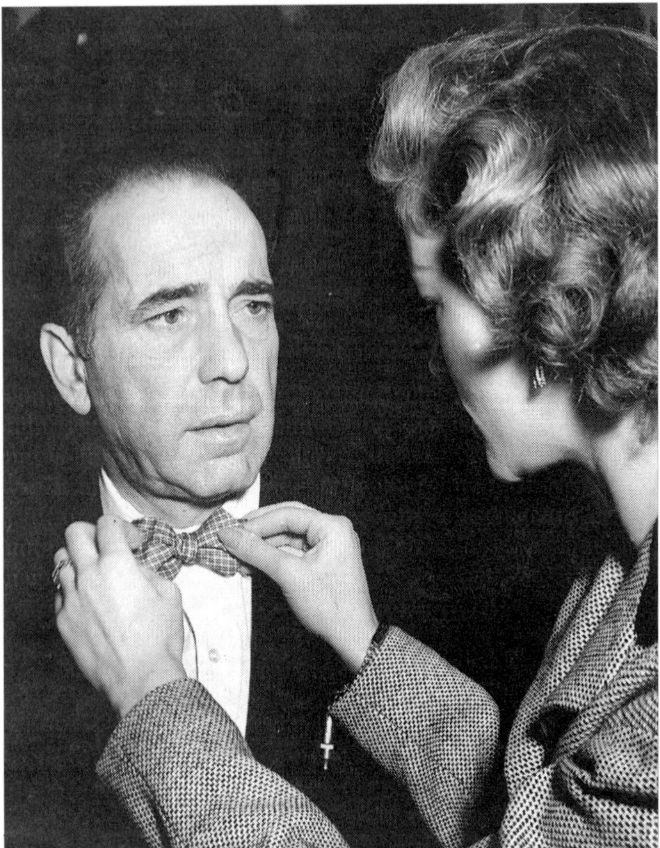

*Lauren Bacall zupft ihm die Fliege zurecht*

Und was wäre schließlich *Casablanca*, wenn Ingrid Bergman und Humphrey Bogart glücklich bis an ihr Lebensende gewesen wären? *Casablanca* zeigt, daß es das Glück nicht gibt, daß es auf dieser Welt nicht mehr so ohne weiteres zu haben ist, bietet aber zugleich einen vollwertigen Ersatz dafür: den romantischen Verzicht.
Wenn Hollywood mit *Gone With the Wind* gezeigt hatte, zu

welchen Leistungen es technisch fähig war, dann sah man die Illusionsfabrik in *Casablanca,* wie sie an Mythen wirkte. Mag sein, daß sich weder die Drehbuchautoren Julius J. Epstein und sein Bruder Philip G. sowie Howard Koch noch der Regisseur Michael Curtiz groß Gedanken über die Nachwirkung ihres eher zusammengeschusterten Werkes machten, es gelang ihnen dennoch, das richtige Image zur rechten Zeit und für lange weitere Jahrzehnte zu liefern. In *Casablanca* kulminierte die Filmgeschichte, jedenfalls die amerikanische.

Nach diesem Meisterwerk konnte nichts Gleichwertiges mehr kommen; es war, als hätte Hollywood damit seine Möglichkeiten restlos ausgeschöpft. Aber natürlich war die Geschichte der Traumfabrik damit noch nicht zu Ende.

Wenigstens zwei weitere Filme mit Humphrey Bogart bedienten sich des von ihm geschaffenen Mythos, *To Have and Have Not* (1944) und *The Big Sleep* (1946). Er, der bei seinem zugegeben schmalen Repertoire an Gestik und Mimik dazu neigte, auch im Leben jener Bogey zu sein, den er für die Nachwelt in *High Sierra, The Maltese Falcon* und *Casablanca* geschaffen hatte, ging nun völlig in seiner Rolle auf. Bei den Dreharbeiten zu *To Have and Have Not* verliebte er sich in die Debütantin Lauren Bacall und ging allem Anschein nach nun auch im wirklichen Leben die Beziehung mit ihr ein, die auf der Leinwand so überzeugend begonnen hatte.

Der Bogart-Mythos überlebte auch die schwächeren Darbietungen des Stars. Bogart brauchte kaum noch eine Miene zu verziehen (nicht daß er sich damit bisher viel Mühe gemacht hätte), um als der Typ erkennbar zu sein, den er sich in zehn harten Jahren erarbeitet hatte. Bogart war Bogart; diese Tautologie überlebte ihn bis in unsere achtziger Jahre hinein. So hartgesotten er manchmal wirken will, so sehr er dazu neigt, Konflikte mit dem Revolver oder der Faust zu klären, so sicher ist auch, daß sich unter diesen unwirschen Manieren in Wirklichkeit ein gutmütiger Kerl verbirgt. So wie er konnte man leben, denn er hatte eine solche Existenzform möglich gemacht.

Was waren neben ihm all die anderen, Gable, Grant, Cooper

*Die Regisseure John Ford und Howard Hawks im Gelände*

oder auch Cagney? Veraltete Modelle, die ohne ihr Drehbuch nicht zurechtgekommen wären. Bogart dagegen war ein Selbstläufer, einer, der sich durchschlug und immer weiter wußte. Bogart war, ohne es selbst zu wissen, Albert Camus' »Sisyphos«. Gewinnen konnte er nicht, dafür waren die Umstände zu sehr gegen ihn, aber er zeigte es allen, wie man als letzter Romantiker, als letzter Ritter untergeht.
Kein Zweifel, mit ihm starb wieder ein Stück Hollywood. Charme und Eleganz, wie sie Cary Grant und Fred Astaire besaßen, waren von Bogart nicht zu erwarten; da war er seinen Jahren ein gutes Stück voraus. Aber er gab den Ton an

für eine ganze Serie von Verlierern, Outlaws, Gangstern und Verzweifelten. Kein anderer war jedoch imstande, den Zerrissenen so darzustellen, wie er es scheinbar mühelos konnte. Seine Figuren Sam Spade, Philip Marlowe, Henry Morgan und Rick Blaine haben eine ganze Filmgattung inspiriert, den *film noir*. Nicht umsonst haben sich besonders die französischen Kritiker für diesen Stil begeistert, denn sie hatten erkannt, daß Bogart über einen europäischen Rest verfügte, jene Prise Intellektualität, die ihn in die Lage versetzte, zum Tragiker zu werden. Es mochte in der Welt noch so hart und realistisch zugehen, mit Humphrey Bogart war jenes Gran Romantik gewährleistet, das auch einen Gangster zum tragischen Liebhaber werden läßt.

*Grauman's Theater bei Tag*

# »Sind Sie oder waren Sie jemals Mitglied der Kommunistischen Partei?«

*Und außerdem würde ich nie mit jemandem zusammenarbeiten, der Kommunist ist.*

*Robert Taylor*

Bereits 1938 war der Senatsausschuß für unamerikanische Aktivitäten (HUAC) gegründet worden. Amerika mußte zu der Zeit das immer deutlichere Auftreten der Nazis fürchten. Zugleich hatte der Erfolg von Roosevelts New Deal den Intellektuellen Gelegenheit gegeben, sich mit dem Sozialismus wenigstens akademisch zu befassen. Der Hitler-Stalin-Pakt von 1939 schien die beiden Feinde Amerikas vereinigt zu haben, doch mit dem Angriff Deutschlands auf die Sowjetunion waren die Fronten neu gezogen. Amerika verbündete sich offiziell mit den Sowjets, mit dem erklärten Ziel, Hitler und den Nationalsozialismus zu besiegen.
Rußland war jetzt plötzlich nicht nur Bundesgenosse, sondern sogar Freund. Auf Bitten des Präsidenten verfilmte Warner den Roman des amerikanischen Botschafters Joseph H. Davies in Moskau. Regie bei *Mission to Moscow* (1943) führte Michael Curtiz, ein weiterer guter Bekannter vom *Casablanca*-Team war Howard Koch, der das Drehbuch schrieb. Stalin ist hier als gutmütiger Onkel gezeichnet, die Russen lachen und sind warmherzige, gastfreundliche Menschen, und über allem spannt sich der Regenbogen der amerikanisch-sowjetischen Freundschaft. Den Warners war dieses saftige Propagandawerk nach dem Krieg furchtbar peinlich, aber es war nun einmal gedreht worden.
Kaum daß der Krieg beendet war, trennten sich die früheren Bundesgenossen. Amerika mußte tatenlos mitansehen, wie die Russen ein mitteleuropäisches Land nach dem anderen besetzten und sich der Einfluß des Kommunismus immer weiter vergrößerte. Das FBI und der CIA besannen sich auf

*›Hellzapoppin‹ – eine teuflische Komödie*

die vielen Emigranten, die vor dem Krieg und während des Krieges nach Hollywood gekommen waren und mittlerweile so etwas wie Nester der kommunistischen Infiltration gebildet hatten. Deshalb eröffnete der wiederbelebte Ausschuß im Jahre 1947 eine Reihe von Hearings, mit denen die angebliche kommunistische Verschwörung in Hollywood aufgedeckt werden sollte.

»Das Erinnerungsvermögen des Ausschusses reichte weit zurück, und wenn auch seine Nachforschungen, vor allem über die Zugehörigkeit zu kommunistischen, verkappt kommunistischen und selbst allgemein prorussischen Organisationen, während der Dauer des Krieges ruhten, so wurden die Akten dennoch sorgfältig aufbewahrt. Hollywood bildete natürlich einen besonders fruchtbaren Boden für derartige Verfahren, weil es noch immer – und in den Kriegsjahren mehr denn je –

*Boris Karloff in James Whales ›Frankenstein‹*

im Brennpunkt des öffentlichen Interesses stand und weil alles, was mit Hollywood zusammenhing, für größtmögliche Publizität sorgte. Und gerade das war es, was unbedeutende, auf Geltung und Macht versessene Politiker sich wünschten.« (John Russell Taylor)

Da die meisten Ausländer in Hollywood vor den Nazis geflohen waren, mußten sie auch, so dachten sich die einfach funktionierenden Ausschußmitglieder, Freunde der Russen sein, weil die ja die Nazis auch bekämpft hatten. Mit klarem Denken hatte diese Hexenjagd, die bald unter Leitung des Senators Joseph McCarthy anhob, sehr wenig zu tun, eher mit der nun wieder opportunen Ausländerfeindlichkeit und der Gelegenheit, sich medienwirksam zu profilieren.

Das erste Opfer dieser proamerikanischen Umtriebe war der Brite Charles Chaplin. »Im Grunde waren Ausländer ja ganz in Ordnung, vorausgesetzt, sie hatten den Wunsch, hundertprozentige Amerikaner zu werden«, schreibt John Russell Taylor in seinem Buch »Fremde im Paradies«. Chaplin hatte nie diesen Wunsch verspürt. Er wurde vor den Ausschuß geladen, der sich dann aber mit einer schriftlichen Erklärung begnügte, daß Chaplin nie Kommunist gewesen sei. Vor allem die Hearst-Presse fiel über seinen Film *Monsieur Verdoux* (1947) her und beurteilte ihn nicht ästhetisch, sondern politisch. Als Chaplin wegen Dreharbeiten in England ein Wiedereinreisevisum in die Vereinigten Staaten beantragte, wurde ihm das erst nach stundenlangen Verhören gewährt. Als er sich bereits außerhalb der Hoheitsgewässer befand, er-

*Bette Davis und Sterling Hayden als Oscar-Jäger in ›Star‹*

hielt er ein Telegramm, das dieses Visum für ungültig erklärte. Chaplin war schlicht und einfach ausgebürgert worden. Der Ausschuß durchforstete die Stablisten aller Filme aus den letzten zehn Jahren, um an Verdächtige heranzukommen, und lud diese dann nach Washington vor. Dort stellte man ihnen die berüchtigte Frage »Sind Sie oder waren Sie jemals Mitglied der Kommunistischen Partei?« Wer sich mit Berufung auf den ersten Zusatz zur Verfassung weigerte, diese Frage schlicht mit »Ja« oder »Nein« zu beantworten, war als »unfreundlicher Zeuge« eingestuft und der Strafverfolgung ausgesetzt. Von den 19 »unfreundlichen Zeugen« wanderten zehn ins Gefängnis, unter ihnen die Regisseure Her-

*›Abbott und Costello in Hollywood‹*

*Die Traumfabrik balsamiert sich ein: ›Tod in Hollywood‹*

bert Biberman und Edward Dmytryk und die Drehbuchautoren Ring Lardner und Dalton Trumbo.
In Hollywood selbst regte sich unter den Kollegen bald Widerstand gegen diese Art Verfolgung; John Huston, Danny Kaye, Lauren Bacall, Humphrey Bogart und viel andere fuhren eigens nach Washington, um vor dem Capitol gegen diese Umtriebe zu protestieren.
1945 waren die Studios vom ersten großen Streik bedroht worden, und der Schreck dieser organisierten Verweigerung saß noch tief. Während der Ausschuß also einigen mittelmäßigen Politikern Gelegenheit bot, sich als Beschützer der amerikanischen Familie aufzuspielen, nahmen die Studios die Gelegenheit wahr, unliebsame Elemente und vor allem

*Hollywood-Monster gegen McCarthy?*

ihre überzähligen Kräfte auszusteuern. Natürlich wird bis heute bestritten, daß zwischen den Studios eine schwarze Liste existiert hätte, auf der alle jene verzeichnet waren, denen keine Arbeit mehr zu geben war, doch ohne Zweifel hat es ein solches Verzeichnis in irgendeiner Form gegeben. Dalton Trumbo blieb es auf Jahre hinaus verwehrt, in den Filmtiteln mit seinem eigenen Namen in Erscheinung zu treten. Er mußte wie manche andere Strohmänner anheuern, die ihren Namen und ihre Person hergaben, wenn er seine Drehbücher verkaufen wollte. Auf Jahre hinaus waren Carl Foreman, Robert Rossen, Abraham Polonsky oder Joseph Losey ohne Arbeit. Elia Kazan und Edward Dmytryk durften erst wieder arbeiten, nachdem sie die Namen von Freunden preisgegeben hatten, die angeblich Kommunisten waren. Kein Wunder also, wenn in diesen ersten Nachkriegsjahren, als einerseits unter jedem Bett Rote vermutet wurden und andererseits Jagd auf alle möglichen vermuteten Sympathisanten gemacht wurde, der *film noir* seine Blütezeit erlebte. Kaum verkleidet sprachen diese Filme von der allgegenwärtigen Bedrohung, von der Einschüchterung, von der ungreifbaren Gefahr, die irgendwo im Dunkel lauerte.

# Rebellen ohne Grund

*Schauspieler ist ein nutzloser Beruf.*

*Marlon Brando*

Kurz nach dem Ende des für die USA so triumphalen Sieges, und nur wenige Jahre nachdem Selznick und Curtiz Hollywood von seiner schönsten Seite gezeigt hatten, war der amerikanische Film im Hinterhof angekommen. Über Nacht schien jede Familie ein Fernsehgerät zu besitzen, in dem immer mehr alte Filme zu sehen waren, Filme, die eine neue Generation von Kinogängern gar nicht kannte, weil sie in den dreißiger und frühen vierziger Jahren entstanden waren, Filme schließlich, die an eine glorreiche Tradition erinnerten, die plötzlich abgebrochen zu sein schien.

Rettung nahte, erstaunlich genug, aus dem Osten, aus New York. Die alte Formel Aufwand + Stars + Werbung = Kassenerfolg hatte sich offensichtlich erschöpft. Die Versuche, noch in den fünfziger Jahren nach diesem veralteten Prinzip den Erfolg zu erzwingen, mußten zumeist scheitern. Der Publikumserfolg von *Ben Hur* (1959) kann nicht darüber hinwegtäuschen, daß William Wylers Film gegen die Stummfilmversion Fred Niblos von 1925 stark abfällt. Solche Leinwandepen, an denen sich Hollywood bis in die sechziger Jahre immer wieder versuchte, lockten zwar jeweils ein neugieriges Publikum ins Kino, schickten es aber nach Hause, ohne eine den Klassikern auch nur im entferntesten gleichende Wirkung erregt zu haben.

Statt dessen kam der vergleichsweise kleine Film. John Ford, der seit Stummfilmzeiten fast immer nur Western gedreht hatte, drehte weiter in diesem angeblich erledigten Genre und kam mit dem Wunderwerk *The Searchers* (1956) heraus. Hitchcock, der immer genug Erfolg hatte, um sich mit den Jahren von den großen Studios unabhängig zu machen und sein eigener Produzent zu werden, schien seine Filme mit immer weniger Geld zu drehen, und dabei entstanden gerade

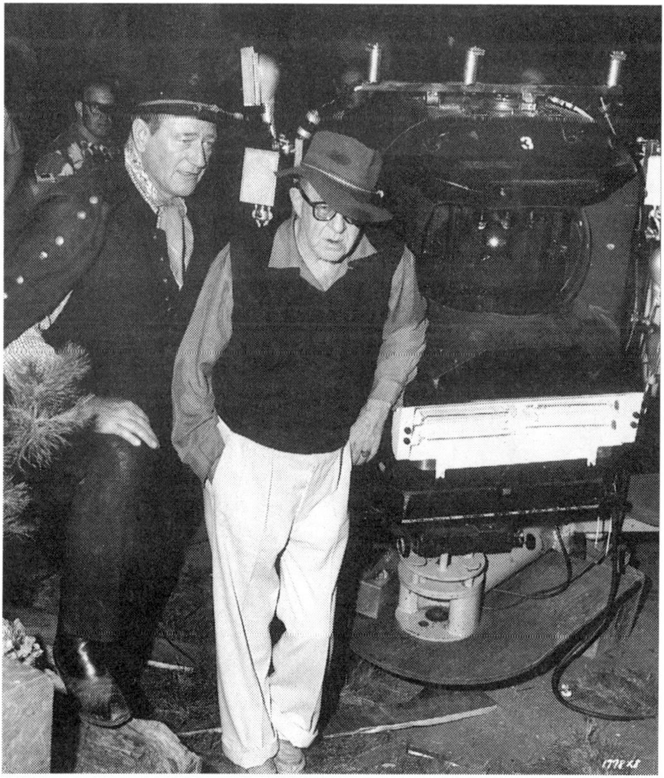

*John Ford mit seinem Star*

seine besten: *Rear Window* (1954), *Vertigo* (1958), *North by Northwest* (1959) und *Psycho* (1960).
Aber das Wesentliche an den fünfziger Jahren waren die neuen Gesichter: Robert Mitchum, Burt Lancaster, Kirk Douglas sowie Montgomery Clift, Marlon Brando und James Dean. Während die ersten drei die zeitgemäße Nachfolge von James Stewart, Clark Gable und Gary Cooper antraten, kamen die anderen drei aus dem Osten und waren eine Weiterentwicklung des Bogart-Mythos.
Sie waren die zornigen jungen Männer Amerikas, die zwar

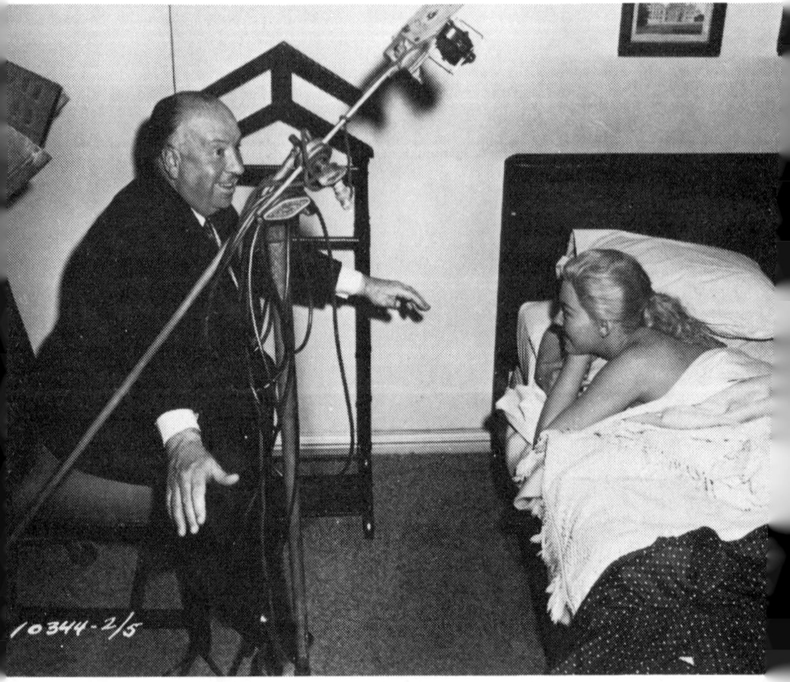


*Hitchcock mit Kim Novak bei den Dreharbeiten zu ›Vertigo‹*

bei all dem Wohlstand, der sie umgab, keinen Grund zur Unruhe gehabt hätten, die sich aber nichtsdestoweniger gegen die Sattheit der bisher herrschenden Generation empörten. Während im Süden langsam Elvis Presley seine Stimme erhob und mit kreisendem Becken seine Rechte einforderte, lieferten die durch das *method acting* geprägten Schauspieler die intellektuelle Entsprechung dazu.

Marlon Brandos Motorradfahrerfilm *The Wild One* (1953) ist bestimmt nicht seine beste Arbeit, aber hier zeigte sich seine Rebellion am deutlichsten. Wenn er in *A Streetcar Named Desire* (1951) wie ein Tier nach seiner Schwägerin Blanche brüllt, dann ist das der Aufschrei einer ganzen Generation, die endlich einmal gehört werden will.

Wo Brando einfach der Wilde war, spielte Montgomery Clift den Grübler. Mit allem, was er anfaßt, ist es ihm todernst, es geht immer um alles. In *A Place in the Sun* (1951) erlebt er die große Liebe (Elizabeth Taylor) und will seine Frau verunglücken lassen. Als sie dann tatsächlich stirbt, geschah das nach seiner Bekehrung. Dennoch wandert er ins Gefängnis und wird hingerichtet. Ein Mann mit Montys Schönheit war zum Opfer einfach prädestiniert. Wo Brando den *underdog* gab, der groß herauskommen will, scheut Montgomery Clift

den äußeren Erfolg, das Glück und alles Stabilisierende. Er fühlt sich unbegreiflich schuldig für sein Glück und arbeitet mit wahrer Verzweiflung daran, dieses Glück zu ruinieren. Wo Brando von Bogart die Härte übernommen hat, hat sich Clift für die romantische Seite des *loser* entschieden: Er will um jeden Preis verlieren, weil ihm sein Glück, wie er meint, nicht zusteht.

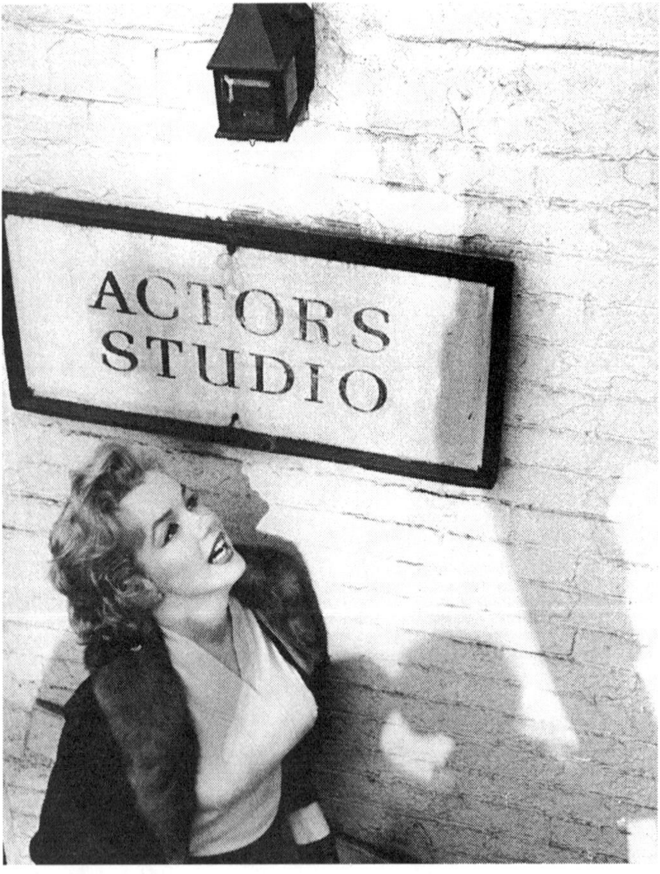


*Marilyn Monroe auf dem Weg ins Actors' Studio*

*Marlon Brando*

Zur Inkarnation der Fünfziger wurde jedoch James Dean. Wenn man seine drei großen Filme *East of Eden, Rebel Without a Cause* und *Giant* heute sieht, wundert man sich jedesmal, daß im Hintergrund nicht Bill Haley dröhnt oder Elvis wenigstens leise zu hören ist. Aber zwei der drei sind historische Filme, die zum Teil sehr weit zurückgreifen. Sie entstanden allerdings fast gleichzeitig mit der Geburt des Rock'n'-

*James Dean und Natalie Wood in ›Denn sie wissen nicht, was sie tun‹*

Roll, mit dem sich das neue Selbstbewußtsein der Jugend für alle hörbar manifestierte. Wo ihm Elvis die Stimme lieh, gab Jimmy Dean seinen Ausdruck, seinen ganzen Körper, schließlich sein Leben her.
Es ist sicher kein Zufall, daß bei *East of Eden* der Theatermann Elia Kazan Regie führte. Kazan benutzte das neue Cinema-Scope-Verfahren, um die Geschichte von Kain und Abel als amerikanische Brudertragödie zu erzählen. Dean raste, tobte, weinte, schluchzte, brüllte durch den Film, so daß er alle anderen leicht an die Wand spielte: Es war *sein* Film, *seine* Geschichte, sein Problem. Vielleicht wirkt dieser Einsatz heute ein wenig übertrieben, für Jimmy war er wichtig, um auf sich aufmerksam zu machen. Hier war einer, der sich nichts bieten ließ, der es mit jedem aufnahm und der

dann im letzten Moment doch von seinen Emotionen überwältigt wird. Jimmy war der Prototyp der neuen Generation. Natürlich wurde er als Star recht eigentlich erst nach seinem Tod geboren, denn wenn er weitergelebt hätte, dann hätte er sich mit großer Wahrscheinlichkeit bald in bedeutungslosen Rollen verausgabt und sich verbraucht, ohne den singulären Status zu erlangen, den ihm seine drei Filme erwarben. Bereits *Giant* zeigt Abnutzungserscheinungen: Die Vorstellung, daß er eine Rolle zu spielen hätte, in der er mit Hilfe des Maskenbildners altern würde, mußte ihm, der alles mit der ganzen Sinnlichkeit seines Körpers darzustellen in der Lage war, ein wahrer Greuel sein.

*Anthony Quinn in ›Wilde Nacht‹*

Zuvor aber kam *Rebel Without a Cause,* der Entwicklungsroman eines jugendlichen Delinquenten. Wie im klassischen Drama auf 24 Stunden komprimiert, erleben wir hier, wie einer gezwungen wird, endlich selber zu den Erwachsenen zu gehören, die sich ihm gegenüber bisher immer nur als unzugänglich, feig, schwach und verständnislos gezeigt haben. Jim Stark will es besser machen, aber niemand hilft ihm dabei. Er bleibt selbst in seiner Generation allein, bis er Natalie Wood gefunden hat.

Jim ist das *new kid in town,* er muß sich erst gegen die anderen in der Klasse durchsetzen und mit Mutproben wie der Messerstecherei und dem »Chickie-Run« beweisen, daß er zu ihnen gehört. Er setzt bedenkenlos sein Leben aufs Spiel, denn es geht in diesen Ritualen um seinen Platz in der Gesellschaft, zumindest in einer Gemeinschaft, die ihm nicht so abweisend und fremd vorkommt wie alles, was ihm seine Eltern geben. Dennis Hopper, der den Goon spielt, hat erzählt, Jimmy wäre aus Haß auf seine Eltern Schauspieler geworden – weil er es ihnen zeigen wollte. So kann er auch die Szenen mit seinen Filmeltern mit aller Überzeugungskraft bringen: Mit ihnen wird es nie zu einer Verständigung kommen, sie leben in verschiedenen Welten.

»Dean manifestiert die Wildheit, die Qual, die rauhe Zärtlichkeit einer entwurzelten Generation«, schrieben die Kritiker damals. Sie hatten gemerkt, was den grundsätzlichen Unterschied zwischen Dean und den Schauspielern alter Schule ausmachte: Hier war einer, der sich nicht an ein Massenpublikum wendete, sondern einsam seine Kreise zog, der fast autistisch und nur für sich spielte und der genau damit so viele Menschen ansprechen konnte. Natürlich erreichte er nicht alle Kinobesucher zwischen 8 und 80 Jahren, aber darum ging es ja auch nicht. Mit ihm war ein Held der Jugend geboren, einer, der den Älteren nichts zu sagen hatte und das auch um keinen Preis wollte.

Durch seinen frühen Tod behielt sich Jimmy Dean seine Jugend. Er kann nicht mehr altern (wie in *Giant*), er kann sich nicht zum Charakterdarsteller wandeln, er kann nicht seriös werden. Er bleibt für immer der Inbegriff der jungen Gene-

*Mit der Erfindung des 3-D-Films versuchte sich Hollywood gegen die Fernseh-Konkurrenz zu wehren*

ration, die sich nicht damit abfinden will, daß sie haargenau so werden soll wie ihre Eltern. Inzwischen sind die Mitglieder der Gang (unter ihnen immerhin auch Dennis Hopper) längst selber in dem Alter, in dem sie sich mit widerborstigen Kindern auseinanderzusetzen haben. James Dean bleibt das erspart, und ironischerweise sind es die Jüngeren, die sich auf ihn berufen wie auf einen Schutzheiligen gegen ihre spießig gewordenen Eltern.

Mit seinem Tod besiegelte er seinen Nachruhm. Das »Chikkie-Run« im Film hatte er überlebt, aber vier Tage bevor der *Rebel Without a Cause* in die Kinos kam, starb er selber bei einem Autounfall. Humphrey Bogart hatte seinerzeit vorgeführt, wie man gerade noch leben kann, mit viel Zynismus, damit einem keiner in das romantische Herz blicken kann, bei James Dean lernte man das Sterben.

Mit seinem Tod wurde die Welt jung. Zur Begleitmusik Elvis

*Erinnerung an alte Zeiten: Fred Astaire und Gene Kelly*

Presleys sprach Dean von der Macht der Jugend und davon, wie unvergleichlich besser es sei, jung und idealistisch zu sein. Jimmy Dean konnte nicht alt werden, seine Fans wollten es nicht. Sie hatten zu sich selbst gefunden, indem sie den Wert der Jugend, den die Älteren bisher immer bestritten hatten, als Absolutum setzten. Es gab ein Leben vor 30, in das einem keiner hineinreden durfte.

Jimmy propagierte das Glück. Es gab neben der Arbeit noch etwas anderes, das vielleicht viel wichtiger war als alles, was die Erwachsenen trieben: die Leidenschaft der Erkenntnis. Die wahren Amerikaner, das waren die Jungen, die noch keine Rücksichten kannten, und die sich wie ihre Vorväter auf die Suche machten, auf die Suche nach dem Sinn des Lebens, *ihres* Lebens.

Es war François Truffaut, der den Inhalt der Persona James Dean auf den Begriff brachte: »In James Dean entdeckt sich die Jugend von heute selbst. Weniger aus den üblicherweise angeführten Gründen: Gewalt, Sadismus, Hysterie, Grausamkeit, als aus anderen, die viel einfacher und gewöhnlicher sind: Bescheidenheit des Fühlens, Phantasie, moralische Reinheit ohne Rücksicht auf die heutige Moral, aber um so

*Hollywood aus der Luft*

*Einige der besten Hollywoodfilme der fünfziger Jahre wurden im Ausland gedreht, so wie hier ›Die barfüßige Gräfin‹*

rigoroser, die ewige Vorliebe der Jugendlichen für Mutproben, Stolz und Bedauern, daß man außerhalb der Gesellschaft steht, Verweigerung und der Wunsch, integriert zu werden, und schließlich Annahme oder Verweigerung der Welt, wie sie ist.«
Jimmy Dean war nicht nur der Star der fünfziger Jahre, er führte mit seinem schnellen Leben und seinem schnellen Tod auch die Gegenkultur an, die sich in den sechziger Jahren für kurze Zeit durchsetzen sollte. Sein Image mußte Hollywood beinahe aufgedrängt werden, aber als er dann da war, als er leuchtend am Himmel der Stars aufging, war die Welt eine andere geworden. James Dean war der endgültige Abschied von gestern und der Blick in die Zukunft.

# Das Ende naht

*I walk along the street of sorrow*
*The Boulevard of Broken Dreams.*

*Dick Powell in Moulin Rouge*
(auf Anordnung Jack Warners gestrichen)

Die sechziger Jahre begannen mit einer schrecklichen Nachricht: Marilyn Monroe war tot. Es waren die Kennedys, sagen die einen, es war ein verschmähter Liebhaber, sagen andere, aber es gibt keinen Grund, an ihrem Selbstmord zu zweifeln. Sie ertrug es einfach nicht mehr; Hollywood hatte sie erst großgemacht und dann ruiniert.

Norma Jean Baker, Pullovermädchen und Pin-up, dummes Blondchen und strahlender Star: sie war womöglich die letzte Ikone, die Hollywood fabriziert und um die ganze Welt geschickt hat. Ja, zugegeben, ihre Filme waren zumeist eher schwachbrüstig, aber sie hatte nicht nur Busen, sondern auch viel Witz, und eine Darbietung wie in *Some Like It Hot* (1959) bleibt unvergessen. Vor allem aber war sie eine Göttin, war eine wiedererstandene Verbindung von Jean Harlow und Clara Bow, und sie entsprach nicht zuletzt mit ihrer Karriere dem Traum jeder Hausfrau, die sich vom Putzlappen weg auf die Leinwand wünscht.

Eine Göttin darf nicht alt werden, aber Marilyn spürte, wie das Alter kam, wie sie immer weniger fähig war, ihre Rollen zu lernen und zu spielen. Und so brachte sie sich zu einem Zeitpunkt um, da ihr auf Erden nicht mehr zu helfen war.

Ihre Bindungsversuche waren allesamt gescheitert: Die Hochzeit mit dem Baseballstar Joe DiMaggio sah eher nach einem PR-Gag als nach wahrer Liebe aus, und die Verbindung mit dem Dramatiker Arthur Miller war ein Versuch in geistiger Hochstapelei. Männer konnten ihre Probleme nicht lösen, zumal sie nicht einmal selber wußte, was ihr fehlte. Sie hat den plötzlichen Aufstieg nicht verkraftet, sagen die

*Die Sexgöttin*

einen, sie war mit dem Klischee unzufrieden, in das man sie gepackt hatte, sagen die anderen.
Sie werden wohl alle ein wenig recht haben. Niemand hält es unbeschadet aus, wenn die Sehnsüchte einer ganzen Welt auf einen projiziert werden. Sie wurde nicht größenwahnsinnig wie andere, sondern vergrub sich neurotisch in sich selbst. Sie wollte es mit ihrem langsamen Verstand erfassen, wollte be-

NOW

*›Wie angelt man sich einen Millionär?‹*

greifen, wie das alles gekommen war, wie es weitergehen sollte mit ihr. Aber natürlich waren das viel zu irdische Gedanken für eine Göttin, zumal für eine, die nach dem Willen ihrer Studiobosse modelliert war. Sie hatten ihr das Naturtalent nicht geglaubt und meinten, ihre Naivität künstlich herstellen zu müssen. Am Ende blieb nur mehr ein synthetisches Etwas zurück, das seine Erzeuger haßte, ihnen aber nicht mehr entkommen konnte. »Der Tod ist der Sünde Sold.« Marilyn hatte nicht gesündigt, das erwarteten ihre Image-Fabrikanten vielleicht von ihr, aber sie wußte nichts davon. Sie hatte sich eine eigentümliche Reinheit bewahrt, die sie unberührt über alles hinwegtrug, was man mit ihr anstellte. Sie schwebte einen halben Meter über ihren Bewunderern und Vermarktern.

*Mae West, verwelkte Blüte*

Wie es aber die Ironie der Geschichte will, wurde das Image Marilyn Monroe nach ihrem Tod noch viel weiter aufgeblasen. Es mußten nicht erst Andy Warhol und Norman Mailer kommen, um das hagiographische Werk in Gang zu setzen. Das Schema »dummes Blondchen«, mit dem sie zu Lebzeiten vermarktet worden war, wurde nun ausgetauscht gegen das Schema von der gemarterten Unschuld, und das verkaufte sich selbstverständlich noch viel besser.

Sie war zweifellos an Hollywood zugrunde gegangen. Sie hatte den Rummel um sich nicht mehr ertragen und noch weniger die Aussicht auf ein Alter, in dem ihr nicht einmal ihr bisher so lukrativer Körper blieb. Der Stern hatte sich selbst

*Walt Disney mit Mickymaus: Das waren die Sechziger*

verzehrt, doch nach seinem Tod erstrahlte er noch glanzvoller als je zuvor. Was mit Mary Pickford und Lillian Gish begann, endete mit Marilyn Monroe.

Zu Beginn der sechziger Jahre wirkte sie schon wie ein Anachronismus; eine derart strahlende Göttin war nicht mehr zu verkaufen. Das Fernsehen hatte nunmehr endgültig gesiegt, vom Kino erwartete niemand mehr etwas. Es bestand auch kein Bedarf mehr an Stars. Sie hatten ihre Rolle gespielt und waren abgetreten. Wenn sie es nicht taten, wirkten sie bloß noch lächerlich.

Die Studios verwahrlosten, soweit nicht die Fernsehgesellschaften die Anlagen für ihre Serien erwarben. Diese Serien beschränkten sich auf ein bestimmtes Motiv und drehten es in unendlichen Wiederholungen nach, damit der Zuschauer jeden Abend seine gewohnte Kost vorgesetzt bekam. Mit dem einstigen Zauber des Kinos hatte das nichts zu tun. Holly-

*Smog über L. A.*

*Das Alptraumpaar: Walter Matthau und Jack Lemmon*

wood tat ein übriges, um jeden Mythos von sich abzustreifen, und lud die potentiellen Kinobesucher ein, sich auf dem Gelände der Universal-Studios einmal anzusehen, wie die Tricks funktionierten und was hinter allem steckte. So viel Masochismus hätte den Ausverkäufern nicht einmal der schlimmste Zyniker zugetraut.

Wenn schon die Traumfabrikanten nicht mehr an die Wahrheit ihrer Produkte glaubten, wie sollte es da der Zuschauer können? Daß der Zuschauer dumm ist und sich gern etwas vormachen läßt, war lange eine eherne Weisheit in Hollywood, aber daß man selber so ungeschickt war, dem Zuschauer zu sagen, daß alles nur fauler Zauber sei, das war sicherlich noch dümmer.

Das alte Hollywood hatte spätestens mit dem Tode David O. Selznicks abgedankt. Es war nichts mehr zu erwarten. Die al-

*Kirk Douglas: ›Zwei Wochen in einer anderen Stadt‹*

ten Stars saßen auf ihren Farmen und Landhäusern, erinnerten sich am Kamin der alten Tage und ließen sich nur gelegentlich gegen irrwitzig hohe Gagen zu Gastauftritten überreden. Die neuen Stars? Es gab sie nicht. In den sechziger Jahren tauchten zwar Robert Redford, Dustin Hoffman und Warren Beatty auf, aber sie hatten nichts von der Qualität, die die alten Stars besessen hatten. Die Neuen, die Jungen waren einfach Schauspieler, die eine Rolle lebensecht und realistisch vorführen konnten, aber der Glamour, die Aura des Irrealen, die den Star vergangener Tage umgeben hatte, war restlos zerstoben.

Die Industrie lag verlassen und öde da, als es ein paar junge Genies unternahmen, auf eigene Faust und mit eigenem Geld dem Kino wieder Leben einzuhauchen. Da war der Allesverfilmer Roger Corman, der zwar nicht unbedingt für die Nachwelt produzierte, der aber immer bereit war, jungen Talenten eine Chance zu geben. Durch seine Schule ging die Hälfte jener neuen Generation von Regisseuren, die das Kino der siebziger Jahre bestimmen sollten: Scorsese, De Pal-

*Ein Kino in Paris*

ma, Coppola, Demme; sie alle haben bei ihm gelernt, wie man effektvoll und schnell Filme dreht.
Der erste Film, der sich direkt dieser Ausbildung verdankt und der mit seinem zeittypischen Thema ein Millionenerfolg für die um den letzten Atem röchelnde Industrie war, hieß *Easy Rider* (1969). »Ein Mann suchte Amerika und konnte es nirgends finden«, lautete damals die Werbezeile. Sie beschreibt den Anspruch, mit dem der Regisseur Dennis Hopper und seine Drehbuchautoren zu Werke gingen. Sie wollten, auch kinematographisch, noch einmal ganz von vorn anfangen und zugleich ein Anliegen der jüngeren Generation artikulieren. Der Kommentar zu den politischen Fragen der Zeit beschränkte sich dann allerdings darauf, auf Motorrädern von Los Angeles nach New Orleans zu rasen und sich vor den Naturwundern der Vereinigten Staaten abfilmen zu lassen.

*Brando ist ›Der Pate‹, ein Konzernchef mit der Lizenz zu töten*

*George C. Scott sucht seine Tochter, die im Pornountergrund von Hollywood verschwunden ist: ›Hardcore‹*

1972 hatte Francis Ford Coppola einen riesenhaften Erfolg mit seiner Familiensaga *The Godfather,* die er zwei Jahre später fortsetzte. Hier präsentierte sich ein ähnlich besessener Arbeiter wie der selige Selznick. Coppola dachte in den Di-

*Das Fernsehen hat aus der Traumfabrik Alltag gemacht*

mensionen des großen amerikanischen Kinos, aber er hatte etwas Neues zu erzählen. Sein Zugriff auf die seit Warner-Zeiten bekannten Gangster bestand darin, daß er die Mafia als eine große Familie vorführte, in der es wie in jeder anderen reichen Familie um Geldanlagen, Geschäftsanteile und Marktbeherrschung geht. In dieser Clique aber dreht sich alles um den Tod; Marktanteile werden mit Gewalt ausgefochten, die Kriege, die um die Übernahme eines anderen Imperiums geführt werden, sind überaus blutig. Coppola gelang es, den amerikanischen Kapitalismus, von dem er als Filmemacher abhängig ist und von dem er mittlerweile ein Teil geworden ist, als einen Dschungel darzustellen, in dem allein

*Jerry Lewis als Laufbursche in Hollywood*

das Recht des Stärkeren gilt. Coppolas weitere Arbeiten führten ihn immer weiter weg von diesem realistischen Ansatz und zurück in die Vergangenheit der Studioproduktionen. Eine Zeitlang glaubte er, selbst als Tycoon anderen Arbeit verschaffen zu können und mit ihnen zusammen einen eigenen Stil zu kreieren, aber der Versuch der Wiederbelebung dieser besten Hollywoodtradition scheiterte nach einigen aufreibenden Jahren: Coppola mußte die Zoetrope-Studios wieder verkaufen und sich selber wieder der Abhängigkeit von anonymen Geldgebern ausliefern.

Mit *Apocalypse Now* (1979) kam Coppola seinem Traum von der Autokratie am nächsten: als Produzent, Drehbuchautor und Regisseur verantwortete er den aufwendigsten Kriegsfilm, der je gedreht worden war. Der Vietnamkrieg, von dem sein Film auch handelte, war offensichtlich nur ein Vorwand, denn hier ging es um eine Reise ins Bewußtsein, die schließlich in dunklen Bildern von berauschender Schönheit hängenbleibt. Coppola lieferte dem Zuschauer einen Horrortrip, den er so schnell nicht vergaß, aber er hatte sich damit gleichzeitig für einige Zeit aus dem Rennen genommen, denn die Anstrengung dieser maßlosen Produktion drohte ihn zu vernichten.

*One From the Heart* (1982) zeigte dann, daß Coppola bei allem Ehrgeiz gar nicht fähig war, mit den Stoffen des großen Hollywood-Kinos umzugehen. Sein Musical durfte keines sein, und so wurde daraus ein großes Nichts. Mit *The Cotton Club* (1984) versuchte er sowohl seine eigene *Godfather*-Serie wie Sergio Leones *Once Upon a Time in America* (1984) zu übertreffen, doch abgesehen von den bei Coppola gewohnten Rauschbildern gibt sein Bild des Jazz-Zeitalters wenig her.

Auch Martin Scorsese orientiert sich am klassischen Hollywood, er hat aber womöglich zu viele alte Filme gesehen. Nur da, wo er sich aus dem Schatten der Vergangenheit wagt und auf seine Gegenwart vertraut, gelingen ihm Meisterwerke, so mit *Mean Streets* (1973) und *Taxi Driver* (1976). Seinen *Raging Bull* (1980) orientierte er deutlich an der Bildgestaltung des *film noir,* ohne daß er deshalb verloren hätte. Dagegen

*Spielberg und Lucas sind zumindest in Zement-Ehren aufgenommen*

mußte *New York, New York* (1977) ein Desaster werden, weil hier jemand zu selbstvergessen von den alten Zeiten geträumt hatte. Dabei könnten die beiden ein gutes Team bilden: Coppola als Produzent und Scorsese als sein Hausregisseur. Doch beide haben sich in einen Wahn von der eigenen Kunst und Bedeutung verstiegen, daß irdische Maßstäbe für sie nicht mehr zu gelten scheinen.
George Lucas' erster großer Erfolg war *American Graffiti* (1973). Darin erzählte er, auf eine Nacht zusammengedrängt, die Geschichte seiner Jugend und seiner Heimatstadt. Selten hat ein Regisseur mit einem so frühen Werk eine solche Meisterschaft in der Beherrschung der Technik bewiesen. Lucas war deshalb geradezu prädestiniert, zum Rhapsoden der *Star Wars* (1977) zu werden. Lucas macht aus den Zu-

*Darth Vader, der dunkle Ritter aus dem ›Krieg der Sterne‹*

schauern wieder Kinder. Er dreht seine Filme für Kinder, die ohne Märchen aufgewachsen sind, weil er glaubt, daß sie eine populäre Mythologie fürs Leben brauchen. Er selbst ist offensichtlich mit der *Flash Gordon*-Serie aufgewachsen und erzählt diese naiven Abenteuer für eine Generation nach, die davon nichts mehr weiß. Da verschlägt es nichts, wenn er Comic strips ebenso ausschlachtet wie die alten Märchen und sie

alle in ein Mittelalter projiziert, in dem hypermoderne Raumschiffe durchs All düsen und Menschen neben gleichberechtigten Wundergestalten agieren. So ist es George Lucas gelungen, eine zwar eher harmlose, aber jedenfalls überaus populäre Mythologie für das ausgehende zweite Jahrtausend zu schaffen. Seine auf neun Teile angelegte Saga wird zum unveräußerlichen Bestand der jugendlichen Imagination gehören, wie das für eine andere Generation *The Wizard of Oz* oder *David Copperfield* waren.
In Steven Spielberg hat Lucas einen völlig gleichgestimmten Freund gefunden. Auch Spielberg hat wenig Interesse daran, das Kino um neue Bilder, neue Themen zu bereichern, er will einfach nur entlang der bewährten Muster unterhalten, und

*Der Kampf um Hollywoods Zukunft wird im All ausgetragen*

*Hawks versus Spielberg, das alte gegen das neue Hollywood*

das gelingt ihm auch. *Jaws* (1975) war ein aufregender Abenteuerfilm in bester Hollywoodtradition, gegen den *Close Encounters of the Third Kind* (1977) schon wie ein Rückschritt wirkte. Mit Richard Dreyfuss führte sich Spielberg selber als naiv gläubiges Kind vor, das der Welt und ihren Wundern nur mit Staunen begegnen kann und das deshalb von allem Unheil ausgenommen wird.

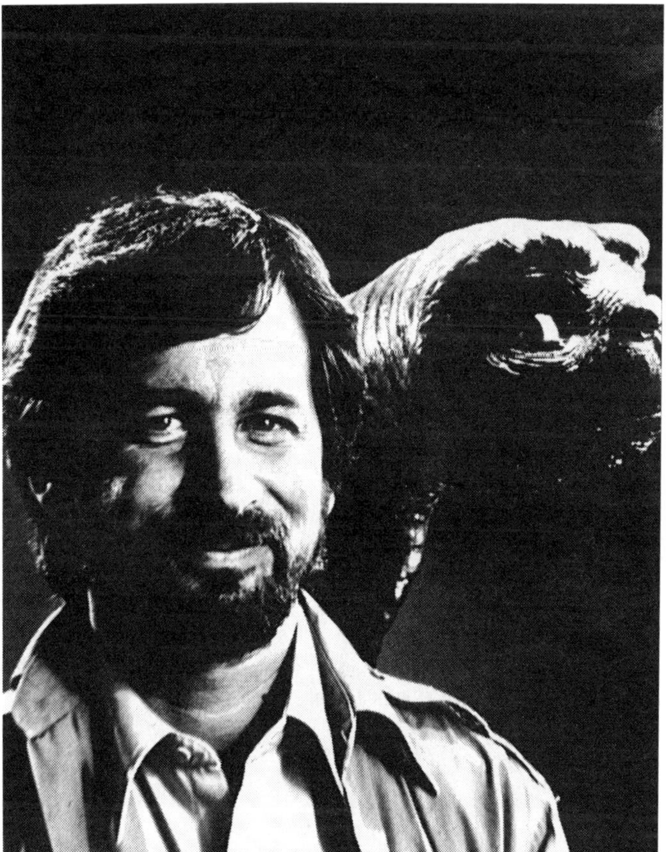

Den Höhepunkt seiner Privatmythologie erreichte Spielberg natürlich mit *E. T.* (1982), einer so unschuldigen Fantasy-Story, daß die ganze Welt zu Tränen gerührt wurde. Spielberg hat als einer der wenigen heutzutage wenigstens eine Ahnung davon, nach welchen Rezepten Hollywood in seiner Glanzzeit seine besten Filme hergestellt hat, und er bleibt damit, neben seinem Freund Lucas, die große Hoffnung Holly-

*George Lucas, Harrison Ford, Carrie Fisher, Mark Hamill und die »Creatures« aus ›Rückkehr der Jediritter‹*

woods für die nächsten Jahre. Selbst wenn ihm die Acadamy bisher Oscars immer systematisch verweigert hat, weil er fast außerhalb des etablierten Business seine märchenhaften Erfolge erzielt hat, wird die alte Garde wohl doch einmal einsehen müssen, daß nur hier, bei George Lucas und Steven Spielberg, ein Anknüpfungspunkt besteht, mit dem sich die besten Traditionen der Traumfabrik in die Zukunft hinüberretten lassen.

# Boulevard der Dämmerung

*They shoot horses, don't they?*

Hollywood 1987. Nichts mehr, was an den Glanz vergangener Tage erinnert. Wer nach der Traumfabrik sucht, findet Warnungen vor Aids, vor Rauschgift. Angeblich ist ein Drittel aller in der Filmindustrie Beschäftigten alkohol- oder drogenabhängig, ein nicht unbedingt damit identisches Drittel des männlichen Personals gilt als homosexuell. Als Rock Hudson qualvoll und sozusagen vor den Augen seines Publikums an Aids starb, war man schockiert: So nackt durfte der Star nicht werden. Sein Privatleben hatte seinem Image zu

*Los Angeles heute: ein Autobahnzubringer*

*Jack Nicholson*

entsprechen, er durfte nicht plötzlich ein Mensch werden. Menschen kennt jeder, täglich hat er mit ihnen Umgang, aber ein Star darf nichts Alltägliches an sich haben und schon gar nicht an Aids erkranken.

Amerika hat diesen Schock rasch überwunden, Rock Hudsons Tod wurde unter den Lastern abgeschrieben, die Hollywood, das Treibhaus eines ganzen Kontinents, bei sich wuchern läßt. Die Überlebenden plagt die Angst, auch sie könnten sich anstecken und Opfer der heimtückischen Krankheit werden. So ist nach 65 Jahren Skandalgeschichte Hollywood plötzlich puritanisch geworden.

Man geht abends früh ins Bett, will man doch am anderen Morgen der Kamera seine Jugendlichkeit beweisen. Alkohol

wird, wenigstens außerhalb des eigenen Heims, peinlich gemieden, man möchte ja als gesund und fit gelten. Ein neues Körperbewußtsein hat sich ausgebreitet im Gefolge von Sylvester Stallones und Arnold Schwarzeneggers Kraftakten. Die Schauspieler wissen genau, daß sie nicht nur ihre Haut, sondern ihren ganzen Körper zu Markte tragen und daß sie darüber hinaus nichts zu bieten haben.
Hollywood hat sich selbst entzaubert. Wenn sich Madonna als die Marilyn der Achtziger ausgibt und zu diesem Zweck die Haare bleichen läßt, wirkt das nicht bloß lächerlich, sondern beweist wieder einmal, daß Hollywood bekümmert in seine ruhmreiche Vergangenheit zurückblickt, als die Stars noch für überirdische Wesen genommen wurden. Diese Aura ist heute lächerlicherweise auf die *creatures* in den Filmen

*Dustin Hoffman und Robert Redford*

von George Lucas, Joe Dante, Robert Zemeckis und Steven Spielberg übergegangen; *E. T.*, der Außerirdische, hat mehr Charisma als Jack Nicholson oder Meryl Streep.
Vorbei die Starparade bei der Galapremiere, vorbei die als Orgien verrufenen großen Feste, wie sie William Randolph Hearst feiern ließ, vorbei, vorbei. Selbst das Ritual der verschlossenen Umschläge, die in der Oscar-Nacht geöffnet werden und einen für ein paar Minuten aus den anderen herausheben, ist nur noch eine banale Selbstinszenierung für die Fernsehkameras.
In Hollywood leben heute gewöhnliche Menschen, die, wie andere Angestellte auch, ihrem Beruf nachgehen, ihre Arbeit so gut wie möglich machen, dafür aber mit erheblich mehr Geld bezahlt werden als ihre Zuschauer. Geld macht heute den Star aus, nicht sein Gesicht, seine Art zu gehen,

*Woody Allen (mit Dorothy Leon) in ›Stardust Memories‹*

*Robert De Niro in ›Fesseln der Macht‹*

seine Manierismen. Längst ist die Meldung, für wie viele Millionen für wie wenige Minuten sich Marlon Brando herabläßt, in einem unbedeutenden Film mitzuwirken, wichtiger als seine Rolle.

*Hitchcock weiß, wo es langgeht ...*

Das Geld hat Hollywood den Rest gegeben. »Das Filmgeschäft, womöglich die gesamte amerikanische Kultur«, sagt David Denby, »hat sich nie mehr von jenem energiegeladenen Medienwochenende im Juni 1975 erholt, als im ganzen

*Brian De Palmas Craig Wesson wirkt eher ratlos*

Land *Jaws* gestartet wurde und Hollywood feststellte, daß ein Film innerhalb von drei Tagen beinahe acht Millionen Dollar einspielen kann. Seitdem geht es nur noch darum, einen ähnlich durchschlagenden Hit zu lancieren, die Medien

für sich zu mobilisieren, plötzlich jemand zu sein und eine kometenhafte Karriere zu machen. Ein Manager braucht weder den Oscar noch gute Kritiken, um an der Macht zu bleiben oder die Leiter hinaufzusteigen. Wenn ein junger Manager irgend etwas mit einem Kassenerfolg zu tun hat, und selbst wenn es nur eine Komödie für die Sommerferien oder die Fortsetzung eines Horrorfilms ist, wird er innerhalb seiner Gesellschaft rasch aufsteigen – er wird vielleicht sogar Produktionsleiter. Wer sollte ihm da sagen, daß er sich jetzt an etwas Gewagterem versuchen sollte – etwa die Leute, die ihn in seine Position gehievt haben? Seine leitenden Angestellten, die von seinem Wohlwollen abhängig sind? Aller Wahrscheinlichkeit nach wird er weitere Filme nach demselben Strickmuster drehen. Es gibt keine Scham mehr, ebensowenig wie die Möglichkeit eines ehrenhaften Mißerfolgs.«

Und Denby fährt fort in seiner Bestandsaufnahme der gegenwärtigen Kinokultur: »Die alten Studiobosse – Cohn, Mayer, Zukor, Jack Warner und andere – wollten dem amerikanischen Publikum ›das Beste‹ bieten. Wir lachen vielleicht über das, was sie für ›das Beste‹ hielten, doch sie hatten Gefühl für

*›Der weiße Hai‹ räumt ab*

eine Geschichte oder eine populäre Romanze, und sie brachten in ausreichender Anzahl Filme heraus, die *jeden* unterhalten konnten und nicht bloß einen *Teil* des Publikums. Sie waren vielleicht Tyrannen und Rüpel, doch sie hatten bei weitem mehr Persönlichkeit als ihre Nachfolger. Die meisten waren Einwanderer ohne viel Schulbildung, und man wußte nicht so recht, wo sie herkamen, aber sie strebten nach breitester Anerkennung in einer Gesellschaft, die ihnen fremd vorkam. Möglich, daß sie von Auszeichnungen träumten, von ihrem Bild auf dem Titel von *Time*. Oder von großen

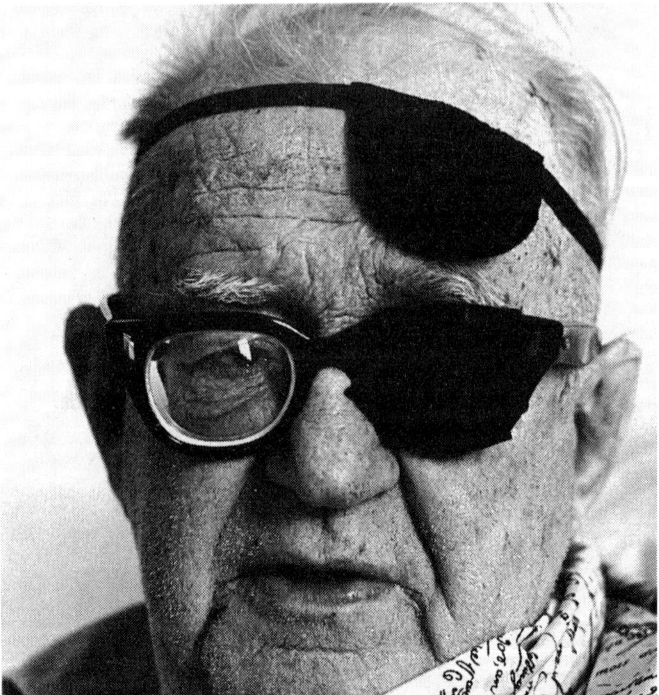

*Früher: John Ford*

*Heute: Sylvester Stallone*

Häusern, die mit Renoirs vollgestopft wären, von wunderschönen Blondinen, die auf dem endlosen grünen Rasen herumflanierten. Es braucht keine ›reinen‹ Träume, um ein großer Filmmogul zu sein.

In ihrem Eifer, in das amerikanische Pantheon aufgenommen zu werden, waren sie in Kunstdingen im guten wie im schlechten Sinn naiv. Sie haben vielleicht nichts davon begrif-

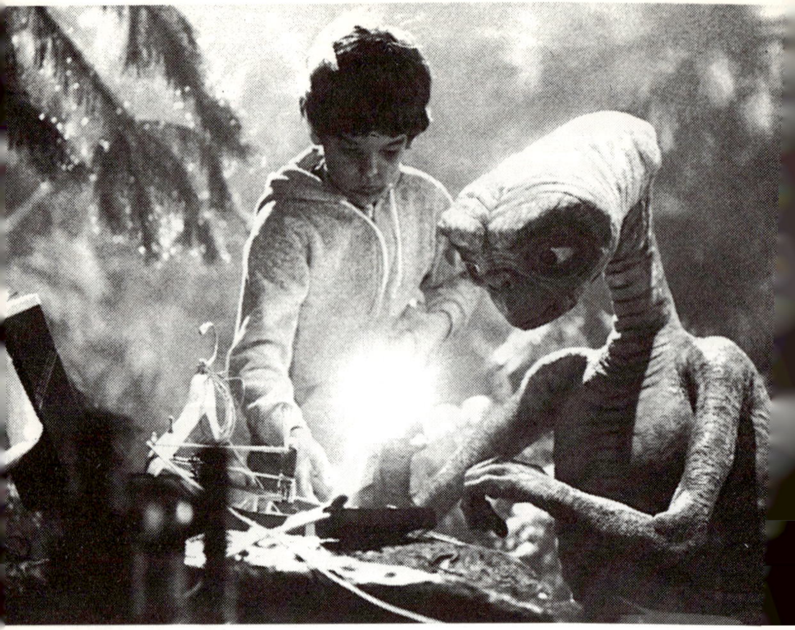

*E. T. und sein Spielkamerad kochen das Kino der Zukunft aus*

fen, aber sie hatten Respekt davor, und manchmal wußten sie sogar, wann der Kunst der Vortritt zu lassen war. Die Studios waren oft unrentabel: Ihr festes Einkommen bezogen sie aus den Filmtheatern, die ihnen gehörten, und sie mußten damals noch nicht mit anderen Formen der visuellen Unterhaltung konkurrieren. Deshalb waren die Bosse in ihrer Stoffwahl auch nicht so angsterfüllt. Viele große Filme fanden ihren Weg in die Kinos.«

Vom Winde verweht. Es war einmal. Das Hollywood David O. Selznicks ist nicht mehr. Es ruht in Frieden. Nur wenn gelegentlich ein Film aus dieser guten alten Zeit auf dem Fernsehschirm auftaucht, verkleinert, seines Glanzes beraubt, dann spürt man ein leises Knistern, bekommt eine Ahnung, mit welcher Naivität und mit welchem Eifer sich die Tycoons der goldenen Vergangenheit der Unterhaltung widmen

konnten. Heute würde es jeder Manager weit von sich weisen, wenn man ihn als naiv bezeichnete. Er ist ein knallhart kalkulierender Geschäftsmann, der Filme auf dem Reißbrett entwirft, dann einen Autor, einen Regisseur und einen Star engagiert und danach den programmierten Erfolg einfährt. Nur wenn das nach allen Seiten abgesicherte Unternehmen dennoch fehlschlägt, bekommt unser Chef ein wenig Farbe im Gesicht. Aber da ist er schon gefeuert. Er wird sein Glück anderswo versuchen, vielleicht als Reklamechef einer Käsefabrik oder als Einkaufsleiter bei einem Gemischtwarenkonzern. Hollywoods Manager bleiben heute im Durchschnitt nur noch 18 Monate auf ihrem Posten, dann haben sie ein Projekt in den Sand gesetzt oder woanders eine lukrativere Stellung angenommen. Dem Film ist damit nicht geholfen.
Was es statt dessen bräuchte, das wären wagemutige Unternehmen, die rücksichtslos alle Schwierigkeiten über den Haufen rennen und rambogleich ihre künstlerischen Vorstellungen verwirklichen. Bei Francis Coppola durfte man eine Zeitlang auf dieses Wunder hoffen, aber daraus wurde dann doch nichts. Hollywood heute gehört den Banken und Ölgesellschaften, es ist ein Geschäft unter anderen geworden. Bei den Summen, die für ein Projekt jeweils über den Tisch gehen, bleibt für Kreativität und Innovation anscheinend keine Nische mehr. Für einen Kassenknüller pfeifen die Gesellschaften auf allen künstlerischen Anspruch.
Für die amerikanischen Pioniere hieß die Zielrichtung immer Westen; als der Pazifik erreicht war und nichts mehr zu erobern und zu besiedeln war, entstand Hollywood, das von der Geschichte mit der Aufgabe betraut wurde, neue Länder, Wunderwelten des Traums, zu erschaffen und zu entdecken. Dieser Traum scheint mittlerweile ausgeträumt; es gibt keine Grenze mehr, nach der man sich aufmachen könnte. Aber vielleicht sollte man doch nicht alle Hoffnung aufgeben. Die amerikanischen Zuschauer lieben das Kino wie ihr Leben, sie werden es sich auch von den Fließbandproduzenten, die heute das Sagen haben, nicht verderben lassen. Vielleicht wächst jetzt schon ein neuer Selznick heran, irgendwo in Amerika, *somewhere over the rainbow*.

# Bibliographie

Soweit vorhanden, wird die deutsche Übersetzung angeführt.

Kenneth Anger: Hollywood Babylon. 2 Bände. München 1985
Rudy Behlmer (Hg.): Memo From David O. Selznick. New York 1972
Douglas Gomery: The Hollywood Studio System. Basingstoke 1986
Ronald Haver: David O. Selznick's Hollywood. München 1981
Ben Hecht: Child of the Century. New York 1972
Sidney D. Kirkpatrick: A Cast of Killers. New York 1987
Gavin Lambert: *Gone With The Wind.* New York 1975
Leonard Mosley: Zanuck. The Rise and Fall of Hollywood's Last Tycoon. London 1984
Robert B. Ray: A Certain Tendency of the Hollywood Cinema, 1930–1980. Princeton 1985
Richard Schickel: The Men Who Made the Movies. New York 1975
David Shipman: The Story of the Cinema. 2 Bände. London 1982
John Russell Taylor: Fremde im Paradies. Emigranten in Hollywood 1933–1950. Berlin 1984
Michael Webb (Hg.): Hollywood: Legend and Reality. Boston 1986

# Register